# Friaul
# für alle Jahreszeiten

KULTURWANDERUNGEN

Gisela Hopfmüller | Franz Hlavac

# Friaul für alle Jahreszeiten

Mille grazie!

Titelbild: Sacile (Foto: Hopfmüller/Hlavac)

Das vorliegende Buch wurde sorgfältig erarbeitet. Trotzdem erfolgen alle Angaben ohne Gewähr, weder Autoren noch Verlag haften für eventuelle Schäden oder Nachteile, die aus den im Buch vorgestellten Informationen resultieren könnten.

Aus Gründen der leichteren Lesbarkeit wird auf eine geschlechtsneutrale Formulierung (z. B. Besucher/-innen) verzichtet. Entsprechende Begriffe gelten im Sinne der Gleichbehandlung für beide Geschlechter.



Kartografie: OpenStreetMap – Mitwirkende, www.openstreetmap.org, Verlag Johannes Heyn
Grafik, Layout und Satz: ilab crossmedia, Klagenfurt
Druck: Christian Theiss GmbH, St. Stefan im Lavanttal

Printed in Austria
ISBN 978-3-7084-0618-3

# Inhaltsverzeichnis

Friaul – das Land der Vielfalt von den Bergen bis zur Ebene

# Lust auf Entdeckungsreisen

Es war auf einem Gemüsemarkt, wir kauften Artischocken, der Händler hielt sie uns lachend hin und meinte: „Godete i carciofi, sono come la nostra regione! Conoscete il proverbio? ‚Friuli è un carciofo, dev'essere goduta foglia per foglia.'" / „Genießt die Artischocken, sie sind wie unsere Region! Kennt ihr das Sprichwort? ‚Friaul ist eine Artischocke, man muss es Blatt für Blatt genießen.'" Wir kannten das Sprichwort zwar auf ganz Italien bezogen, aber es gilt tatsächlich auch, und vielleicht besonders, für die nordöstlichste Region. Friaul Julisch Venetien ist den langsamen Genuss wert, Blatt für Blatt, Schritt für Schritt, Ausflug für Ausflug. Neues zu entdecken macht großen Spaß, auch dort, wo man schon vieles kennt, weil man vielleicht schon als Kind am Meer Sandburgen gebaut, Spaghetti gegessen und beides sehr geliebt hat.

Die historische und kulturelle Basis für die Vielfalt, die sich „Blatt für Blatt" erschließt, ist ein Friaul Julisch Venetien als Schnittpunkt der Völker. Es ist die einzige Region, in der der romanische, der deutsche und der slawische Kulturkreis sich so intensiv ineinander verwoben haben. Daraus entstanden große und schlechte Zeiten, blühende und blutige, von Armut bestimmte und solche, in denen der Wohlstand florierte. Die Kelten, die Römer, die Völkerwanderung, die Langobarden, die Awaren, die Karolinger, die Venezianer, die Türken,

Karte von 1639 des holländischen Kartografen Johannes Janssonius

Napoleon, die Habsburger – sie alle haben deutliche Spuren hinterlassen. Das politische Hin- und Hergezerre kostete die Menschen, die hier lebten, stets viel Kraft.

1866 wurde Friaul Teil des Königreichs Italien, während Julisch Venetien mit Gorizia und Trieste noch bis Ende des Ersten Weltkrieges Teil der Habsburgermonarchie blieb.

Die Bezeichnung Julisch Venetien für die Provinzen Gorizia und Trieste stammt übrigens aus der Zeit der Irredentisten, die gegen die Habsburgermonarchie und für das Königreich Italien kämpften. Der in Görz geborene Sprachwissenschaftler Graziadio Isaia Ascoli (1829–1907) ist der geistige Vater dieser Bezeichnung (ursprünglich auch Istrien einschließend) als Alternative zu dem ab 1849 gebrauchten Namen „Litorale Austriaco", also österreichisches Küstenland.

Der Erste und der Zweite Weltkrieg haben Friaul Julisch Venetien sehr blutig erschüttert.

Mit dem Vertrag von Saint Germain kam 1919 auch Julisch Venetien zu Italien. Ab 1947 gehörte der Küstenstreifen von Muggia bis nördlich von Duino zum „Freien Territorium Triest", 1954 wurde er wieder an Italien übergeben. Allerdings dauerte die endgültige Klärung der Grenze zwischen Italien und Jugoslawien bis 1975.

1963 entstand die Autonome Region Friaul Julisch Venetien, also ein selbständiges „Bundesland" mit einem Sonderstatus ähnlich dem Südtirols.

Blühende Ebene nördlich von Spilimbergo

Friaul ist heute eine der wirtschaftlich stärksten Regionen Italiens. Das war nicht immer so. Als noch Landwirtschaft die dominierende Einkommensquelle war, herrschte Armut, und zwar bis in die 1960er Jahre. Deshalb hat die Emigration eine lange Tradition. Schon im 16. Jahrhundert zogen die sogenannten „Cramars", die Krämer, die gleichzeitig Händler und Handwerker waren, quer durch Mitteleuropa. Die ersten klassischen Auswanderer machten sich Mitte des 19. Jahrhunderts auf den Weg.

Riesig war die durch Armut und Arbeitslosigkeit bedingte Emigrationswelle zwischen 1881 und 1915: Einige Beispiele, wie sie der Autor Tito Maniacco in seinem Buch „I Senzastoria" zitiert: „... nach Deutschland 342.147 Personen, nach Österreich 469.426, nach Ungarn 232.426, ... nach Argentinien 40.068, nach Brasilien 14.010, in die USA 24.270 ..." (1) Demnach war die ganze erste Hälfte des 20. Jahrhunderts mitbestimmt von der Emigration derer, die mehr wirtschaftliche Sicherheit in ihrem Leben suchten.

**LITERATUR**

(1) **Tito Maniacco: I Senzastoria. Il Friuli dalle origini a noi.** Erstmals erschienen in drei Bänden 1977/1978/1980, neu aufgelegt in einem Band: Edizioni Biblioteca dell'Immagine, Pordenone 2018.

Auch die Emigration aus politischen Gründen, wie etwa die Verfolgung wegen der Zugehörigkeit zu einer bestimmten Volksgruppe – vor allem in den 1940er Jahren –, darf nicht übersehen werden. Aber die Auswanderung war eine oft temporäre Angelegenheit. Die offizielle Statistik zeigt: Zwischen 1959 und 1968 verließen mehr als 120.000 Personen Friaul, während mehr als 102.000 zurückkehrten. Diese Remigranten trugen maßgeblich zum Wohlstand der Region bei. Trotzdem ist nach wie vor die Gemeinde der „Friulaner in der Welt“ stattlich. Manche sagen, sie ist größer als die Zahl der Friulaner im eigenen Land (da sind es etwa 1,2 Millionen).

Das Italien-Gefühl erfasst Gäste der Region rasch, nicht nur wegen des Meeres oder der Spuren der Venezianer. Auch wenn den Friulanern das klassische Dolce Vita nicht im Blut liegt, sind sie doch Menschen mit intensiver Beziehung zu Schönheit und Kultur in allen Lebensbereichen, die Kulinarik natürlich eingeschlossen. Sie wissen zu genießen, nur verbindet sich das mit ein wenig Verschlossenheit. Die öffnet sich jedoch, wenn das Gegenüber – Mitbürger oder Tourist – als Freund verstanden wird. Und es ist nicht zu leugnen: Die jungen Generationen sind in ihrer Lebensführung „italienischer“ und auch internationaler geworden.

Neben aller modernen Italianità lebt die friulanische Sprache weiter. Das „Furlans“ hat sich aus einem lateinischen Dialekt entwickelt, den die romanisierten Kelten sprachen. Ob diese Sprache so einfach zu den rätoromanischen Sprachen gezählt werden kann wie etwa das Ladinische, ist unter den Sprachforschern umstritten. Der älteste friulanische Text stammt aus dem 14. Jahrhundert. Der in Brazzano bei Cormons lebende Publizist Hans Kitzmüller schreibt: „Der lateinische Einfluss ist erkennbar auch in vielen Formen, die im Italienischen verloren gegangen sind, wie zu Beispiel die Endung -s für die Pluralform ... auch im Wortschatz ist das lateinische Element erkennbar: das Kind heißt ‚il frut‘, vom lateinischen fructus, die Frucht.“

Jahrhundertelang, speziell auch unter Mussolini, wurde das Friulanische als Bauernsprache abgetan. Viele literarische Initiativen, unter anderem von Pier Paolo Pasolini, haben dem gegengesteuert. In den Schulen wird heute das Friulanische unterrichtet. Die Sprache lebt, und sie lebt nicht nur als *ein* Friulanisch, sie lebt in verschiedensten Varianten, in den Orten der Ebene oder in jenen der karnischen Berge. Viele italienische Elemente haben sich aber inzwischen hineingemischt.

Die Friauler Dolomiten im Nordwesten der Region

Doch auch deutsche Sprachinseln sind in Friaul erhalten, etwa im Val Canale/Kanaltal, in Tischlbong/Timau (nahe dem Plöckenpass und der Kärntner Grenze), in Sappada/Plodn oder auch in Sauris/Zahre (beide ganz westlich in den Karnischen Alpen). Im Resiatal, einem Seitental des Val Canale, hat sich mit dem Resianischen ein Dialekt erhalten, der sehr stark von der Sprache der sogenannten Alpenslawen (den Vorfahren der heutigen Slowenen) geprägt ist, die im 7. Jahrhundert in Karantanien siedelten. Slowenisch wird vor allem in und um Gorizia und Trieste im Grenzgebiet zu Slowenien gesprochen. Friulanisch, Slowenisch und Deutsch sind als geschützte Minderheitensprachen anerkannt. Das überall gesprochene Italienisch als Amtssprache dazugezählt leben in der kleinen Region also vier Sprachen.

Diese Beschreibung des Dichters Ippolito Nievo (1831–1861) ist berühmt geworden: „... Friaul ist ein Universum im Kleinen – Berge, Ebene und Lagune auf sechzig Meilen von Norden nach

Die Terrazza a Mare in Lignano Sabbiadoro, errichtet 1972

Süden …" („… il Friuli è un piccolo compendio dell'universo, alpestre piano e lagunoso in sessanta miglia da tramontana a mezzodì …").

An klaren Tagen ist erkennbar, dass die Berge wie eine Muschel mit zackigem Rand die Ebene einfassen, im Osten der Karst, im Nordosten übergehend in die Julischen Alpen, Richtung Norden und Nordwesten weiter die Karnischen Alpen und anschließend die Friauler Dolomiten.

Insgesamt 7.856 Quadratkilometer umfasst die Region. Die vier Provinzen Udine, Pordenone, Gorizia und Trieste existieren als geografische Gebiete, wurden aber als Verwaltungsebenen per Beschluss des Landesparlamentes im November 2016 abgeschafft. Als Verwaltungseinheiten fungieren nur noch die Region, also die Landesverwaltung, und die Gemeinden.

Mit diesem Band der Reihe Kulturwanderungen wollen wir einladen, mit uns auf lustvolle Entdeckungsreisen zu gehen, quer durch Friaul, den größten Teil der Region. Wir versprechen: Sie werden überrascht sein über den unglaublichen Reichtum an wenig Bekanntem!

Dem Teil Julisch Venetien, also den Gegenden von Gorizia bis Trieste und dem Karst, soll in der Folge ein eigener Band gewidmet werden.

Gisela Hopfmüller & Franz Hlavac

Die Lagune von Marano Lagunare

KULTURWANDERUNGEN

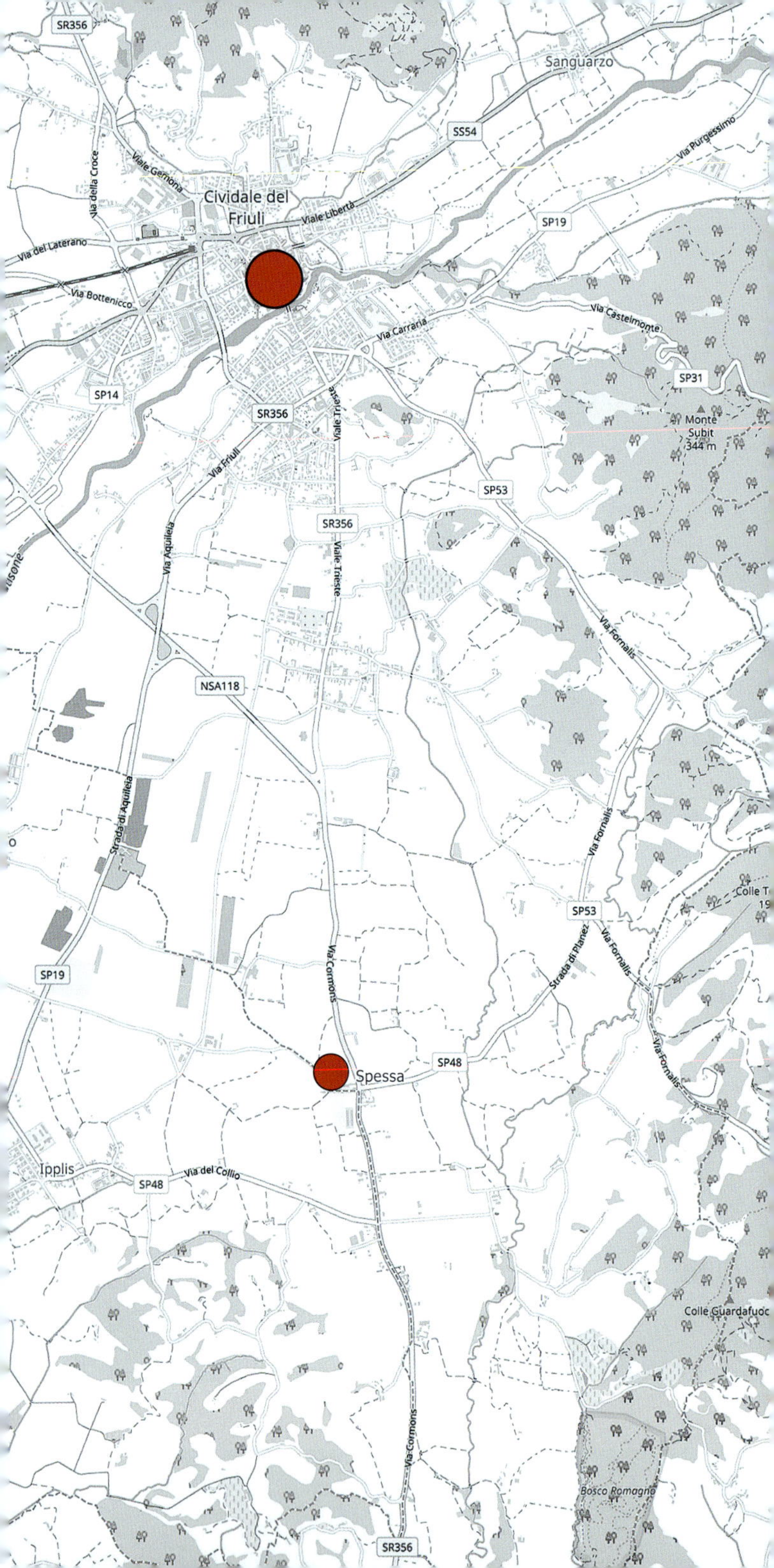
SR356
Sanguarzo
SS54
Via Purgessimo
Viale Gemona
Via della Croce
Cividale del
Friuli
Viale Libertà
SP19
Via del Laterano
Via Bottenicco
Via Castelmonte
Via Carraria
SP31
SP14
SR356
Viale Trieste
Monte
Subit
344 m
Via Friuli
SP53
SR356
Via Aquileia
Viale Trieste
Via Fornalis
NSA118
Strada di Aquileia
Via Fornalis
SP53
Strada di Planez
Via Fornalis
SP19
Via Cormons
Spessa
SP48
Via Fornalis
Ipplis
SP48
Via del Collio
Colle Guardafuoc
Via Cormons
Bosco Romagno
SR356

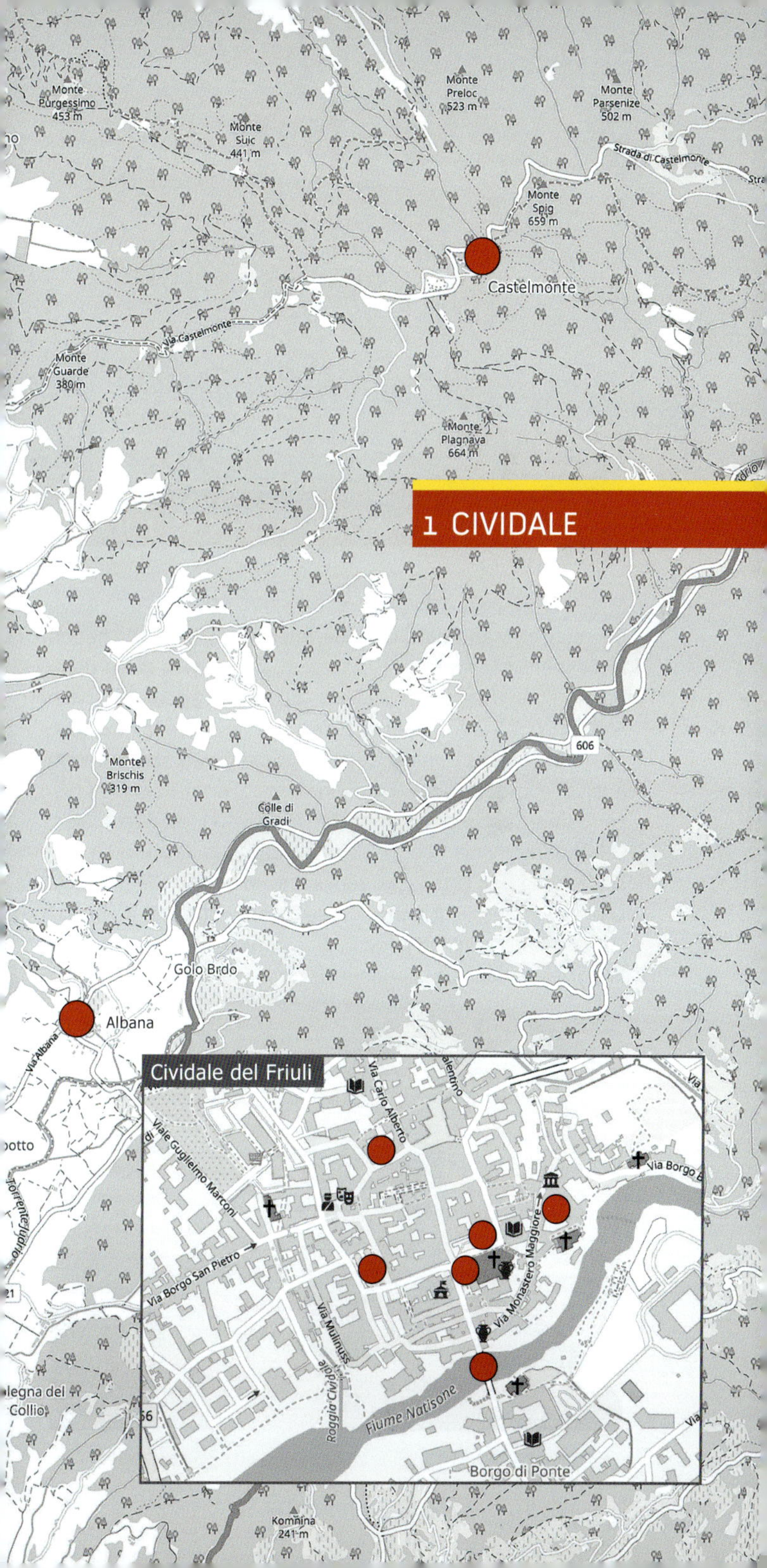

Monte Purgessimo 453 m
Monte Suic 441 m
Monte Preloc 523 m
Monte Parsenize 502 m
Strada di Castelmonte
Monte Spig 659 m
Castelmonte
Via Castelmonte
Monte Guarde 380 m
Monte Plagnava 664 m
1 CIVIDALE
606
Monte Brischis 319 m
Colle di Gradi
Golo Brdo
Albana
Via Albana
Cividale del Friuli
Via Carlo Alberto
Viale Guglielmo Marconi
Via Borgo San Pietro
Via Mulinuss
Via Monastero Maggiore
Roggia Cividale
Fiume Natisone
Borgo di Ponte
Torrente Judrio
Komnina 241 m

# 1 Cividale: Fast alles beginnt hier

Samstag ist Markttag in Cividale. Auch wenn der Markt heute nicht mehr wie einst im Stadtzentrum, sondern nahe dem Bahnhof angesiedelt ist, so ist an diesem Tag doch auch die Altstadt besonders lebendig. Zur Zeit der Römer wird das Marktleben nicht weniger munter gewesen sein. Davon zeugt auch der ursprüngliche Name Cividales: „Forum Iulii" hieß die von Julius Caesar um 50 vor Christus gegründete Stadt, also „Marktplatz Julius Caesar", ein untrügliches Zeichen für die Bedeutung des Ortes. Der römische Herrscher Gaius Julius Caesar konnte nicht ahnen, dass sein Name noch mehr als 2.000 Jahre nach ihm einer Region den Namen geben sollte: Friaul leitet sich von „Forum Iulii" ab.

Die Bronzestatue von Julius Caesar vor der Loggia in Cividale

Wer das Auto beim Bahnhof abstellt, gelangt über die Via Monsignore Liva, die Piazza Alberto Picco und die Via Pellico zur **Piazza Foro Giulio Cesare**. Hier lassen sich schon Eindrücke vom geschichtsträchtigen Ambiente sammeln. Links um die Kurve führt der Largo Boiani zur **Piazza Duomo**, dem Domplatz, dem bekannten Herzen der Stadt. Vor der Loggia, die als Rathaus dient, steht eine Bronzestatue Caesars. Die Figur wurde 1935 aufgestellt, um den römischen Imperator als Gründer von Cividale zu feiern. Sie ist eine Bronze-Nachbildung der marmornen Caesar-Statue im Palazzo del Campidoglio in Rom.

Im **Museo Archeologico Nazionale**, dem archäologischen Museum von Cividale im **Palazzo dei Provveditori Veneti**, in Blickweite der Loggia, finden sich interessante Fundstücke aus der Anfangszeit Friauls. Im Zuge der Völkerwanderung begannen sich der romanische, der deutsche und der slawische Kulturkreis zu verweben. Davon zeugen hier römische Mosaike ebenso wie langobardischer Schmuck und Goldmünzen, Relikte von großen, strahlenden Zeiten wie von trüben Phasen der Geschichte.

### INFO

**Museo Archeologico Nazionale**, Palazzo dei Provveditori Veneti, Piazza Duomo 13, 33043 Cividale del Friuli (UD), Tel.: +39 0432 700700, E-Mail: museoarcheocividale@arti.beniculturali.it, www.museoarcheologicocividale.beniculturali.it

Mosaik mit Kopf des Neptun im Archäologischen Museum Cividale

Blutig war das Aufeinandertreffen des Romanischen mit dem Germanischen im 6. Jahrhundert: Die Langobarden, die Langbärte, ein elbgermanischer Stamm, fielen mit großer Grausamkeit in der Stadt ein, die romanische Bevölkerung wurde ermordet oder zumindest vertrieben. Die Eroberer ließen sich hier nieder und entwickelten in den etwa 200 Jahren ihrer Herrschaft ihre an der Antike orientierte Kultur. Unter all den Städten voller Kultur in Friaul steht Cividale vor allem für die Langobardenzeit. Deshalb soll hier das Augenmerk besonders auf diese Epoche gelegt werden.

Der **Tempietto longobardo** im Oratorio des ehemaligen **Klosters Santa Maria Della Valle** (gleich hinter dem Dom in der Via Monastero Maggiore), nahe dem Fluss Natisone, ist ein einzigartiges, architektonisches Zeugnis dieser Zeit, ebenso der nach dem Langobardenkönig benannte steinerne **Ratchis-Altar** und das **Baptisterium des Callisto** im **Museo Cristiano e Tesoro del Duomo**. Flächenfüllende Flechtband-Ornamentik samt Figuren- und Tierdarstellungen voller Symbolik charakterisieren die langobardische Kunst.

## INFO

**Tempietto Longobardo:** Kloster Santa Maria in Valle, Via Monastero Maggiore 34, 33043 Cividale del Friuli (UD), Kasse: 39 0432 700867, Buchen von Führungen, Anmeldung von Gruppen: +39 0432 710460, E-Mail: info@tempiettolongobardo.it, www.tempiettolongobardo.it

**Museo Cristiano e Tesoro del Duomo di Cividale**, Via G. B. Candotti 1, 33043 Cividale del Friuli (UD), Tel.: +39 0432 730403, Kasse: +39 0432 730403, Buchungen: +39 349 3541668, E-Mail: info@mucris.it, www.cividale.com/de/museo_cristiano

Das Baptisterium des Callisto im Dommuseum Cividale

Viel von dem Wissen über die Langobarden ist dem langobardischen Gelehrten und Mönch **Paulus Diaconus** (725/30–799) zu verdanken. Er wurde in Cividale geboren und nicht nur die Herzöge seiner Heimatstadt schätzten ihn als Gelehrten. Lateinisch, Griechisch, klassische Literatur, Rechtswissenschaften und Theologie waren die Studien, denen er sich erst in Cividale und dann am langobardischen Königshof in Pavia widmete. Auch am Hof Karls des Großen in Aachen erwarb er sich Verdienste. Seine letzten Lebensjahre verbrachte er im Kloster Montecassino (im heutigen Latium). Dort schrieb er die „Historia Langobardorum", das wichtigste Werk zur Geschichte der Langobarden.

An der Ostseite der nach ihm benannten Piazza Paolo Diacono in Cividale (vom Dom aus führt der Corso Giuseppe Mazzini dorthin) steht ein hübsches Haus mit gotischen Fenstern und Fresken auf der Fassade, die **Casa Paolo Diacono**. Das Gebäude stammt aus dem 15. Jahrhundert, kann also nicht das Wohnhaus des Diaconus gewesen sein. Aber eine Tafel an der Fassade hält fest: An dieser Stelle soll 700 Jahre zuvor das Haus des Historikers gestanden haben.

Die Piazza Paolo Diacono

Der Ponte del Diavolo

Die Piazza Paolo Diacono wurde früher auch Piazza delle Donne genannt. Denn hier gab es bis zum 19. Jahrhundert einen Markt, wo die „donne", die Damen, sich trafen zum Verkaufen und Einkaufen von Obst und Gemüse. Das Marktrecht „diritto di foro" hatte schon 1176 der Patriarch Voldarico erlassen.

Aber zurück zu den Langobarden: Im 7. und 8. Jahrhundert erschütterten immer wieder Slaweneinfälle und Religionsstreitereien das langobardische Friaul. Der karolingische Kaiser

Der Dom Santa Maria Assunta

Karl der Große setzte im Jahr 774 dem Langobardenreich ein Ende. Cividale wurde Sitz fränkischer Markgrafen sowie Hauptstadt der östlichen Hälfte des damaligen Königreichs Italien. Deshalb bekam es den Namen „Civitas Austriae", die Stadt des Ostens, wovon sich der heutige Name Cividale ableitet.

Kein Cividale-Besuch ohne Blick auf das Wahrzeichen der Stadt, den **Ponte del Diavolo**: Von der Piazza Paolo Diacono geht es deshalb am Corso Giuseppe Mazzini retour zum von **Pietro Lombardo** im 15. Jahrhundert errichteten **Dom**, der mit seiner an die Pracht florentinischer Renaissancebauten erinnernden Größe davon zeugt, dass Cividale auch etwa 500 Jahre lang Sitz der kirchlich wie weltlich mächtigen Patriarchen war.

Und weiter führt der Corso Paolino d'Aquileia (benannt nach einem der Patriarchen, mit denen wir uns im Kapitel über Aquileia und Grado noch intensiv beschäftigen werden) hin-

Der Wandermaler Giacomo Meneghini, genannt Jacun Pitor

unter zum Fluss Natisone. Über den spannt sich die Brücke in zwei eindrucksvollen Bögen. Vermutlich gab es hier schon zur Zeit der Römer ein Viadukt.

Was hat aber die jetzige Brücke mit dem „diavolo", dem Teufel, zu tun? Eine Legende besagt, dass, um sie zu errichten, die Cividaleser den Teufel um Hilfe gebeten hätten. Der habe zugestimmt unter der Bedingung, dass die erste Seele, die über das Bauwerk ginge, ihm gehöre. In nur einer Nacht habe der Teufel das Werk vollendet. Aber die schlauen Bürger hätten als erstes einen Hund (manchmal ist auch von einer Katze die Rede) über die Brücke geschickt. Der getäuschte Teufel habe in seinem Zorn ein paar Felsbrocken geschleudert, ehe er wieder zur Hölle fuhr. Das sollen die Felsen sein, die neben dem Ponte del Diavolo aus dem Wasser ragen.

Wer vom Dom kommend über die Brücke und nach links hinten an der Kirche San Martino vorbei geht, kommt zu einem Aussichtspunkt, von dem aus man die faszinierende Konstruktion gut sehen kann. Oder man steigt gegenüber von San Martino gleich neben dem Anfang der Brücke die Stiegen hinunter zum Natisone.

Der Ponte wurde im Oktober 1917 von italienischen Truppen während ihres Rückzuges gesprengt, nachdem sie in der zwölften Isonzoschlacht bei Karfreit von den österreichisch-ungarischen Truppen vernichtend geschlagen worden waren. Der Wiederaufbau des Ponte del Diavolo durch die Österreicher

Jagdszene, gemalt von Jacun Pitor im Ristorante Al Monastero

dauerte nicht einmal ein Jahr. Die Inschrift „1918“ (man sieht sie nur vom Flussbett aus) zeugt davon.

In keinem Museum vertreten, aber trotzdem spannend und zum Beispiel in einem Gasthaus zu entdecken, ist der friulanische Maler Jacun Pitor, ein Kuriosum dieses Landstrichs: Wo der Corso Giuseppe Mazzini auf die Piazza Paolo Diacono trifft, zweigt links die Via Adelaide Ristori ab. Dort liegt nach ein paar Schritten auf der linken Seite das **Ristorante Al Monastero**, einst als „Alla Speranza“ ein Treffpunkt der Jäger. Heute ist hier nicht nur regionale Hausmannskost ein Anreiz, sondern man trifft in einem Durchgangsraum auch auf bunte, satirische Wandmalereien, die auf die Jägerei Bezug nehmen: ein erster Eindruck der Arbeiten des Wandermalers **Giacomo Meneghini, genannt Jacun Pitor** (Jakob der Maler). Er hat Ende des 19., Anfang des 20. Jahrhunderts in Friaul seine Spuren hinterlassen. Ein Naiver, der seiner Zeit voraus war.

Die vielfigurige Jagdszene verteilt sich auf zwei Wände. Männer, die auf der einen Seite kreuz und quer auf allerlei Getier Jagd machen, ihnen gegenüber ein Uniformierter, der sie mit einem Fernrohr beobachtet. Einer hat das Wort „licenza“, also Erlaubnis, auf das Gesäß geschrieben, ein anderer auf die Schuhsohle, darüber die (trotz Beschädigung rekonstruierbaren) Worte: „La legge di caccia e per tutti.“ / „Das Jagdgesetz ist für alle.“ Daneben die Fortsetzung: „Ma non tutti per la legge.“ / „Aber nicht alle sind für das Gesetz.“ Darunter sind Jäger zu sehen, von denen einige Zettel mit dem Wort

„licenza“ in Richtung eines Uniformierten halten. Vor dessen Mund steht geschrieben: „Siete in multa, avete uciso vegetali.“ / „Ihr werdet bestraft, ihr habt Gemüse getötet.“

**INFO**

**Ristorante Al Monastero**, Via Adelaide Ristori 9, 33043 Cividale del Friuli (UD), Tel.: +39 0432 700808, E-Mail: info@almonastero.com, www.almonastero.com

Diese Szene zeigt alles, was an der erstaunlichen Malerei des Jacun Pitor charakteristisch ist: Er malte einfache Figuren, die doch im Typus durchaus individualisiert, oft zur Karikatur überhöht sind. Spontan und weitab von jeder akademischen Malerei, von jeder stilistischen Strömung, hat „Jacun“ Meneghini gearbeitet. Mit den Texten wird das Wandbild zu dem, was beabsichtigt ist: eine Satire über missliche Zustände, in dieser Szene bemüht, die Gewalt gegen Tiere anzuprangern. Der Maler liebte es mit Worten und deren, oft auch doppeltem, Sinn zu spielen, volkstümlich, spottend, oft in fehlerhaftem Italienisch, aber immer von scharfer Beobachtung getragen.

Geboren wurde Giacomo Meneghini 1851 in der Gegend von Cividale, und zwar in Cergneu di Nimis, wo sein Vater eine kleine Mühle betrieb. Er ging nicht zur Schule. Seine Kleinwüchsigkeit war mitbestimmend für sein außergewöhnliches Leben. Mit zwölf Jahren war er Waise geworden und schloss sich einer Gruppe von Marionettenspielern aus Rovigo an, die durch Friaul, Venetien und sogar Dalmatien zog. Als die Truppe sich auflöste, marschierte Giacomo allein weiter durch die Lande, schnitzte sich selbst seine Holzpuppen, versuchte sich auch als Fotograf und ließ die Menschen auf den Dorfplätzen über die Bilder der Laterna magica staunen. Von 1890 bis 1930 war er zu Fuß oder mit einem Fahrrad auf den Landstraßen Friauls unterwegs und wechselte nach und nach zum Malen. Er muss leicht zu erkennen gewesen sein, wenn er des Weges kam, nicht nur wegen seiner Körpergröße und seines blonden Bartes, sondern auch wegen des Rückenkorbs mit allen für ihn nötigen Utensilien, wegen des Schirms und seiner Kleidung. Gerne trug er von Soldaten abgelegte Uniformstücke, einen roten Hut und ein Tuch um den Hals, das von einem Ring mit Totenkopf zusammengehalten wurde. Er wollte den Freiheitskämpfer Garibaldi nachahmen. Ein ironisches Selbstportrait Giacomo Meneghinis findet sich ebenfalls im Risto-

Wandmalerei mit Bacchus von Jacun Pitor in der Villa Romana

rante Al Monastero. Er hat es – genauso ironisch gemeint – auf 1730 datiert, wohl um zu signalisieren: Seht her, ich bin wie ein alter Meister der Malerei, nur nicht im Museum.

Giacomo war offenbar gefragt als Wandermaler, der Häuser mit seinen Bildern verzierte. So muss er eines Tages auch zum Landsitz des Grafen Romano gekommen sein, der zu ihm besonders großzügig gewesen sein wird, denn in der **Villa Romano in Spessa di Cividale** ist bis heute seine eindrucksvollste malerische Hinterlassenschaft zu bewundern. Die Villa, nur wenige Kilometer von Cividale entfernt, gehört jetzt dem Winzer Paolo Rodaro, der Interessierte nicht nur seine vorzüglichen Weine, sondern auch die Wandbilder gerne erleben lässt. Dieser naive Bilderzyklus ist kurz nach 1900 entstanden, ein ganzer Raum voller profaner und religiöser Figuren und Szenen. Ob Adam und Eva oder die Flucht nach Ägypten, streitende Schwägerinnen oder ein verlobtes Paar, überall wusste der Maler Launen und Einfälle festzuhalten, meist auch begleitet von Sätzen, die beißender Ironie entsprangen.

Da sitzt zum Beispiel Bacchus auf einem Fass mit dem Weinbecher in der Hand. Dazu steht geschrieben: „W Bacco il vino e la le gria, ogni onesto scherzo vale fatto in buona compagnia." Das heißt: „Viva Bacchus, der Wein und die Fröhlichkeit, jeder ehrliche Scherz ist es wert, in guter Gesellschaft gemacht

Blick auf Prepotto

zu werden". Genaue Beobachter finden auf dem Fass noch die Aufschrift: „Barbera Bianco". Auch hier bleibt Jacun Pitor ein Schelm, denn der Barbera ist ja ein Rotwein (weißen Barbera gibt es heute zwar als Rarität, aber der Maler kannte so etwas zweifellos nicht).

## INFO

**Azienda Paolo Rodaro,** Via cormons 60, Località Spessa, 33043 Cividale del Friuli (UD), Tel.: +39 0432 716066, E-Mail: info@rodaropaolo.it, www.rodaropaolo.it

Apropos Rotwein: Wer schon hier in Spessa di Cividale ist, darf die nahe Gegend von **Prepotto** nicht auslassen. Nur hier gedeiht die autochthone friulanische Rebsorte Schioppettino. Hinter Prepotto in Albana sammelt sich die für den Schioppettino nötige Wärme in einer landschaftlich besonders hübschen Senke. Weingärten überall. Prämierter Schioppettino lockt in vielen Weingütern.

## TIPP

Meist Anfang Juni widmen die Gemeinde Prepotto und die Enoteca dello Schioppettino –Trattoria Da Mario dem Schioppettino ein eigenes Fest.

**Enoteca dello Schioppettino Trattoria Da Mario,** Via XXIV Maggio 16, 33040 Prepotto (UD), Tel.: +39 0432 713004, E-Mail: info@enotecaschioppettino.it, www.enotecaschioppettino.it

Das Santuario Castelmonte ist der älteste Wallfahrtsort in Friaul.

Eine schmale Straße führt von Albana wieder in Richtung Cividale, doch es lohnt den Schildern nach Castelmonte zu folgen. Die verschiedenen Beschreibungen des Kapuzinerklosters **Santuario Beata Vergine di Castelmonte** auf einem Hügel über Cividale in 618 Meter Höhe überschlagen sich in Superlativen: Der älteste Wallfahrtsort Friauls, eine der ersten Wallfahrtsstätten Oberitaliens, eines der ersten Marienheiligtümer überhaupt nach dem Konzil vom Ephesos im Jahr 431. Es wurden in Castelmonte nämlich Reste eines römischen Ziegelfußbodens aus dem 6. Jahrhundert gefunden. Und urkundlich erstmals erwähnt ist ein Marienheiligtum im Jahr 1175.

Das Ziel der Pilger aber ist ein Gnadenbild, nämlich die Statue einer schwarzen Madonna in der Kirche. Sie wurde nicht, wie die berühmte schwarze Madonna in Altötting in Bayern geschnitzt aus dunklem Holz (eventuell auch durch Alterung und Kerzenrauch nachgedunkelt) oder wie die im polnischen Tschenstochau auf Lindenholz gemalt, sondern sie besteht aus bemaltem Kalkstein. Damit ist sie eine Rarität. Sie stammt aus den ersten Jahrzehnten des 15. Jahrhunderts und der Stil entspricht gotischen Madonnen des Alpenraums. Zum Vergleich: Die Gnadenbilder in Altötting und Tschenstochau entstanden bereits im 14. Jahrhundert.

Die ältesten schwarzen Madonnen in Europa sind übrigens aus dem 13. Jahrhundert, also aus der Romanik. Aus dem 17. Jahrhundert stammt etwa die berühmte, aus Fichten-

Die schwarze Madonna von Castelmonte

holz geschnitzte und im Gesicht dunkel bemalte schwarze Madonna in Loreto bei Ancona. Besonders in Mode kamen schwarze Madonnen im 18. Jahrhundert, also im Barock. Wie schon in antiken Kulten die schwarzen Göttinnen wurden in der christlichen Welt diese Gnadenbilder stets als besonders wundertätig verehrt.

Nicht nur viele friulanische und slowenische Wallfahrer führt der Weg deshalb auf diesen Berg, auch Wanderer, die den Alpe-Adria-Trail entlangkommen, genießen den Ort und die Aussicht über die Hügel hinunter auf die Ebene.

## INFO

**Santuario Beata Vergine di Castelmonte**, 33040 Castelmonte Prepotto (UD), Tel.: +39 0432 731094, +39 0432 701267, E-Mail: info@santuariocastelmonte.it, www.santuariocastelmonte.it

**Alpe-Adria-Trail**: www.alpe-adria-trail.com

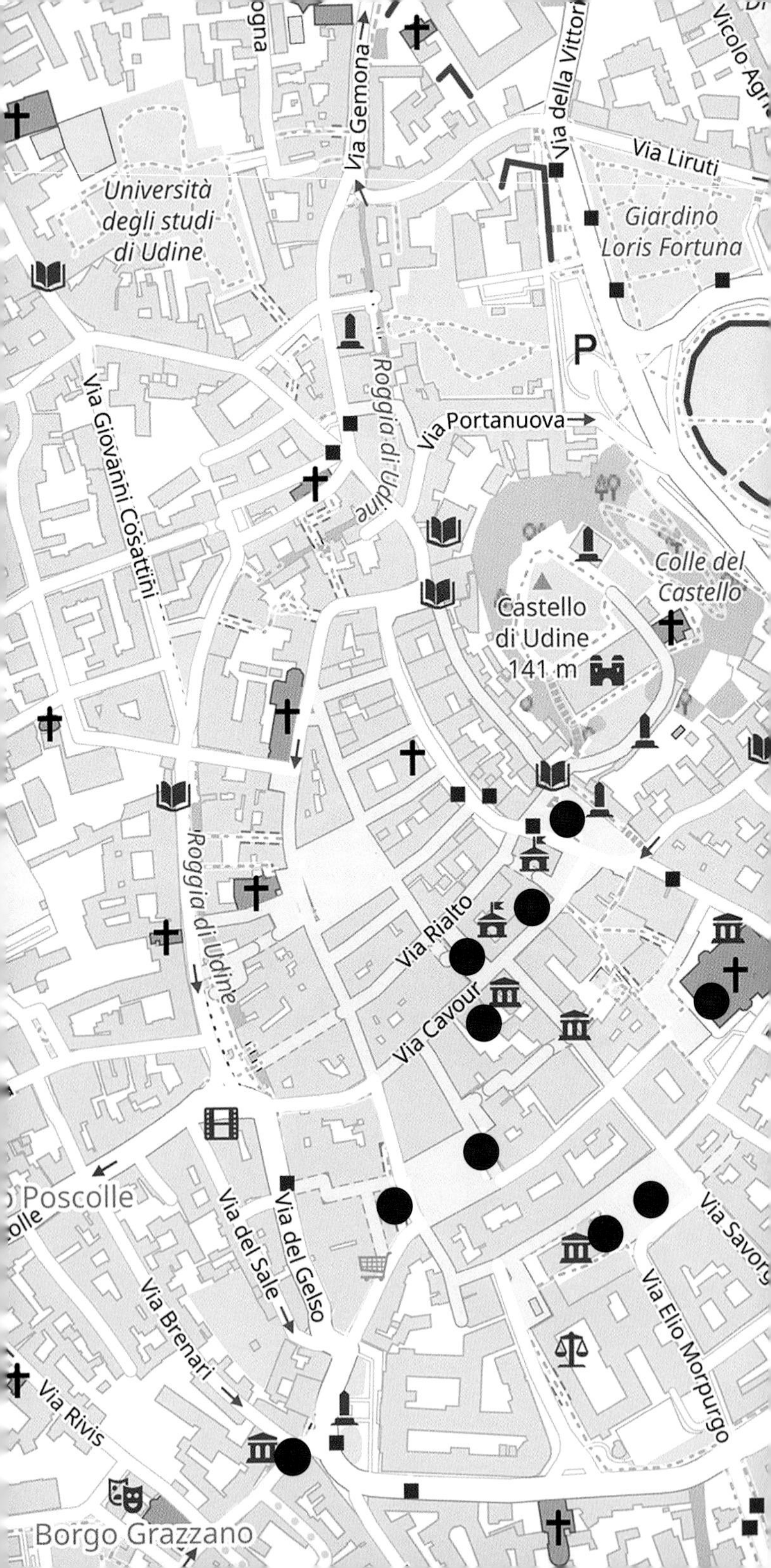

Via Gemona
Via della Vittoria
Vicolo Agricola
Via Liruti
Università degli studi di Udine
Giardino Loris Fortuna
Roggia di Udine
Via Giovanni Cosattini
Via Portanuova
Colle del Castello
Castello di Udine 141 m
Via Rialto
Via Cavour
Roggia di Udine
Poscolle
Via del Sale
Via del Gelso
Via Savorgnana
Via Elio Morpurgo
Via Brenari
Via Rivis
Borgo Grazzano

2 UDINE
Reginato (ex Ospedale Militare)
Borgo Pracchiuso
La Quiete
Via Pracchiuso
Via San Valentino
Via Bersaglio
Viale Trieste
Despar
P
Vicolo Porta
Via Treppo
Via padre Luigi Scrosoppi
Via generale Antonio Chinotto
Via Francesco
Roggia di Palma
Via della Prefettura
Via dei Missionari
Viale Ungheria
Via Piave
Vicolo d'Arcano
Vicolo Stabernao
Via Ronchi
Via Larga
Via Vincenzo
Via Aquileia
Via Zoletti
Via di Mezzo
Via Giosuè Carducci
Via Giuseppe Giusti
Borgo Aquileia
Via Dante
Via della Ro
Via del Po
Viale Unghe

# 2 Udine einmal ganz anders

Einkaufen in den vielen hübschen Geschäften, auf der Piazza Giacomo Matteotti einen Drink genießen, in einem der Restaurants den hungrigen Magen erfreuen, das ist das Standardprogramm vieler Udine-Besucher. Die Kulturinteressierten überqueren die venezianisch anmutende Piazza della Libertà und werfen einen raschen Blick in den Dom oder hinauf ins Schloss am Hügel mit den musealen Sammlungen. Viel mehr steht oft nicht auf dem Programm. Dabei birgt das Herz der Stadt so viel Spannendes, das einen Rundgang wirklich lohnt.

Wo der Weg von der **Piazza della Libertà** zum Castello hinaufführt, steht – eingefasst von zwei halbrunden Stiegen – ein Monument. Es ragt über sechseinhalb Meter auf. Trotzdem wird es meist wenig beachtet. Schade! Denn die Statue erinnert an große Geschichte. Aber zunächst zur Figur: Auf einer runden Basis sitzt eine Frau in klassischer Gewandung, mit dem rechten Arm auf eine Rüstung gestützt, zu ihrer linken ein Helm und ein Füllhorn, in der Hand einen Zweig. Das soll ein Olivenzweig sein, denn es ist die **Statue des Friedens**. Weil „la pace", der Frieden, im Italienischen ein weibliches Hauptwort ist, ist der Frieden hier eben eine Frauenfigur.

Diese Statue war ursprünglich gedacht für den kleinen Ort Campoformido, ungefähr zehn Kilometer westlich von Udine an der Straße Richtung Codroipo gelegen. In diesem Ort sollte

1797 der berühmte Friedensvertrag zwischen Napoleon und der Habsburgermonarchie unterzeichnet werden, der das Ende der Republik Venedig bedeutete: der Frieden von Campoformido, oder auch Campo Formio entsprechend der venezianischen Schreibweise. Mitten in Campoformido steht ein Haus, eine ehemalige Poststation, einst betrieben von einem Bertrando Del Torre. Diesen Ort wählte Napoleon zur Vertragsunterzeichnung (heute die Osteria „Al Trattato"/„Zum Vertrag"). Doch er überlegte es sich kurzfristig anders und schlussendlich wurde der Vertrag in der Villa Manin im etwa 15 Kilometer entfernten Passariano bei Codroipo unterzeichnet, wo Napoleon logierte.

Zehn Jahre später, also 1807, regte Eugène De Beauharnais, Stiefsohn Napoleons und Vizekönig von Italien, wohl auf Wunsch des kaiserlichen Vaters, die Errichtung eines Denkmals zur Erinnerung an den historischen Frieden an. Die Statue wurde vom Bildhauer Giovanni Battista Camolli in Mailand angefertigt und nach Campoformido transportiert. Es sollte zunächst gegenüber der Poststation ein Sockel errichtet werden. Als Napoleon 1813 die Völkerschlacht bei Leipzig verloren hatte, stoppten die Arbeiten an dem Denkmal. Österreich übernahm von Frankreich die Regierung Friauls. Es tauchte die Idee auf, die Statue nach Udine zu bringen. Aber die unsicheren Zeiten nach Napoleons endgültiger Niederlage bei Waterloo 1815 führten dazu, dass es bis 1818 dauerte, ehe

Die Statue des Friedens auf der Piazza della Libertà in Udine

das tatsächlich geschah und das Denkmal auf der Piazza Contarena aufgestellt wurde. Aus einem Denkmal, das Napoleon sich gewünscht hatte, wurde nun eine Widmung des österreichischen Kaisers Franz I. für Udine.

Piazza Contarena, so hieß damals die heutige Piazza della Libertà. Girolamo Contarini war nämlich ein venezianischer Statthalter von Udine, der Ende des 15. Jahrhunderts dazu beitrug, aus dem Platz ein venezianisches Schmuckstück zu machen, indem er ihn pflastern ließ. Die **Loggia del Lionello**, die mit ihren Spitzbögen und dem Rosa-Weiß der Fassade an den Dogenpalast erinnert, stand da schon. Im 16. Jahrhundert kam der **Torre dell'Orologio** dazu, dem venezianischen Uhrturm nachempfunden, mit den Bronze-Mohren, die auf die Glocke schlagen. Dann entstand eine weitere, eine **Renaissance-Loggia**, den venezianischen Prokuratien vergleichbar, hinter der sich die Kuppel der **Cappella di San Gi-**

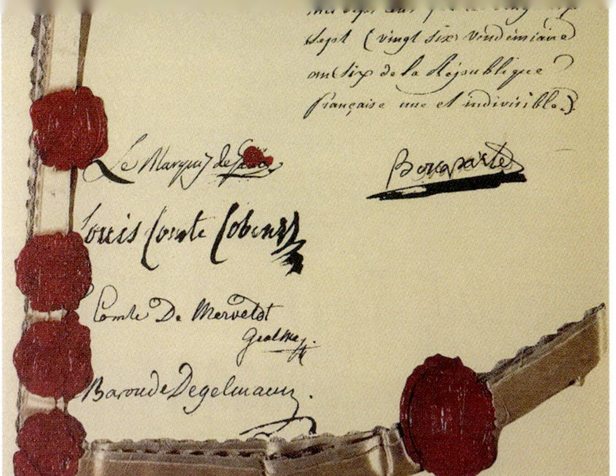

Faksimile des Vertrags von Campoformido 1797

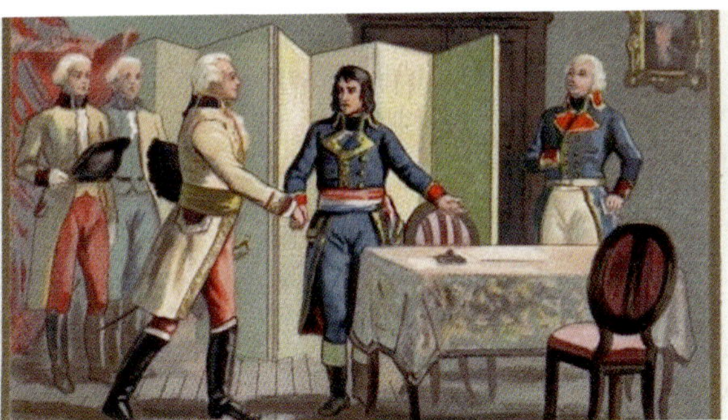

Napoleon diktierte seine Friedensbedingungen.

**ovanni** erhebt, davor eine **Säule mit dem Markuslöwen**, eine andere **Säule mit der Figur der Gerechtigkeit**. Im 18. Jahrhundert wurden die zwei **Statuen der mythologischen Figuren Herkules und Cacus** aufgestellt. So entstand der „schönste venezianische Platz auf dem Festland".

1866 wurde aus der Piazza Contarena die Piazza Vittorio Emanuele und 1945 die Piazza della Libertà. Was allerdings blieb, ist das Caffè Contarena im mächtigen **Palazzo D'Aronco**, der gleich hinter der Loggia del Lionello seine Bogengänge aufspannt und zum Großteil Sitz der Gemeindeverwaltung ist.

Der Palazzo – zwischen 1910 und 1932 entstanden – gilt als das bekannteste Gebäude des friulanischen Architekten Raimondo D'Aronco. Er war ein Meister des italienischen Art Nouveau, des Jugendstils. Selbst in Istanbul war er gefragt und trug rund um die Jahrhundertwende mit etlichen Gebäu-

Piazza della Libertà in Udine mit Loggia del Lionello

den auch zur Modernisierung der Stadt am Bosporus bei. Wer in das **Caffè Contarena** eintritt, fühlt sich hundert Jahre in die Vergangenheit versetzt, denn die historisierenden Formen der Fassade außen wandeln sich hier in ein elegantes Jugendstilambiente. Der Architekt Cesare Miani hat das Caffè 1921 eingerichtet (von ihm stammt übrigens auch die Kirche San Giovanni Bosco in Lignano Sabbiadoro), sein Neffe Leonardo Miani führte 1990 einfühlsam eine Erneuerung durch.

### TIPP

Ein Cappuccino gefällig? Oder ein Sprizz? Das Caffè Contarena ist bis heute ein Treffpunkt der Intellektuellen und Künstler der Stadt. Inzwischen mischen sich natürlich viele Gäste dazu, die bei ihren Einkaufstouren durch die Stadt Erfrischung brauchen.

**Caffè Contarena**, Via Cavour 1, 33100 Udine, Tel.: +39 0432 512741, E-Mail: info@contarena.it, www.contarena.it

Ob mit oder ohne Einkaufstaschen – ein Blick in den **Dom Santa Maria Annunziata** muss sein, zumal hier die Spuren eines Malerstars aus Venedig zu entdecken sind: Gianbattista Tiepolo (1696–1770) galt schon zu Lebzeiten als Genius seiner Kunst. In den Fresken der Apsis der **Cappella del Sacramento** aus dem Jahr 1717 lässt er die Figuren geradezu tanzen, ungeachtet des Ernstes der biblischen Szenen. Es ist eines der ersten Werke Tiepolos in Udine. Es sollten viele folgen. Denn Daniele Dolfin, Bischof von Udine, begeisterte sich für den etwa 30-jährigen „pittore celebre e chiaro“, den „gefeierten und im Licht stehenden Maler“, und holte ihn in die Stadt. Mancher seiner Zeitgenossen nannte Tiepolo einen „Magier der Malerei“. Fabelhaft verstand er es, gemalte Szenen zu pulsierender Theaterszenerie zu machen, geprägt

Das Jugendstil-Caffè Contarena im Palazzo D'Aronco

von einem ganz besonderen Licht, von bunter Heiterkeit, die uns noch heute in ihren Bann zieht. Kein Zweifel, das macht Lust auf mehr.

Auf geht's deshalb in die **Galleria del Tiepolo**, die sich gemeinsam mit dem **Museo Diocesano** im **Palazzo Patriarcale**, dem Patriarchenpalast, befindet. Von der Piazza della Libertà nach Nordosten führt die Via Daniele Manin. Wo sie – durch die Porta Manin hindurch – rechts in die Via Treppo und die Piazza del Patriarcato mündet, erhebt sich gleich der mächtige Bau dieses Palastes. „Allein die Großartigkeit des Baues lässt erahnen, dass wir uns hier vor dem Herzstück einer der größten Erzdiözesen Italiens befinden: oder besser gesagt vor dem Gebäude, das zweieinhalb Jahrhunderte lang Sitz des glorreichen Patriarchats von Aquileia war", heißt es nicht ohne Stolz in dem vor Ort erhältlichen Kurzführer.

Von lebendigen Museumsführern wie Valentino lässt sich die aktuelle Aufteilung des Gebäudes erfahren: Das Erdgeschoss gehört dem historischen Archiv und dem Eingangsbereich des Museums, der erste Stock dem Diözesanmuseum, der zweite Stock der Tiepolo-Galerie und der Patriarchen-Bibliothek. Und weil wohl die Gegenwart vom erzbischöflichen Ruhm der Vergangenheit auch gerne noch etwas abbekommen möchte, finden sich im dritten Stock bischöfliche Privaträume.

Lift oder Stiegenhaus? Das Stiegenhaus natürlich, nein, besser die **Ehrentreppe**, ein majestätisches Bauwerk aus dem Jahr 1725, ganz oben an der Decke des zweiten Stocks gekrönt von einem Freskenzyklus. Der Urheber? Wie könnte es

Der Dom Santa Maria Annunziata in Udine

Tiepolo-Fresko im Dom in der Cappella del Sacramento

anders sein: Gianbattista Tiepolo, beauftragt vom Patriarchen Dionisio Delfino. 1726 hat er das zentrale Bild, den „Sturz der Engel", gemalt. Valentino deutet nach oben: An zwei Seiten dieses Deckenbildes wären doch ein Unterarm und ein Fuß der stürzenden Engel zu beachten. Die ragen über den Stuckrahmen heraus, aber nicht einfach gemalt, sondern aus Stuck plastisch geformt und bemalt, Schatten inklusive. Die Malerei geht also in plastisch geformte Teile über. Sie stürzen eben wirklich aus dem Bild heraus, die aufbegehrenden, bösen Engel. Derlei sei, so erzählt Valentino, typisch für Tiepolo in seiner frühen Schaffensphase. In jedem Fall ist diese Formensprache im späten Barock gebräuchlich.

Wie statisch präsentieren sich dagegen die Portraits der Bischöfe im **Thronsaal** des zweiten Stocks. Die **Palastkapelle** gleich daneben kommt natürlich auch nicht ohne den Magier der Malerei aus, hier hängt ein Ölbild mit einer Kreuzigung. Doch es ist die an den Thronsaal anschließende **Gästegalerie,**

Fresko in der Tiepolo-Galerie im Palazzo Patriarcale Udine

die Tiepolo nach dem „Engelssturz“ des Treppenhauses mit seiner berühmten Dynamik zur Theaterbühne gemacht zu haben scheint. Abraham, Isaak und Jakob haben da ebenso ihren Auftritt wie Figuren aus der Genesis. Die mittlere Szene, tatsächlich gestaltet wie eine Bühne, mit Proszenium samt Blumengirlanden, bietet offenbar dem Maler selbst einen Rahmen. Es heißt, die Figur des Jakob könnte ein Selbstportrait sein und Jakobs Frau Rahel ein Portrait der Cecilia Guardi, der Frau Tiepolos. Man meint, die Figuren sprechen, ihre Kleidung rascheln zu hören. Lichtdurchflutet sind die Szenen, getragen von kräftigen, hellen Farben. So erzählt nur Tiepolo. Pralles Leben in sakralen Szenen im ehrwürdigen Bischofspalast.

Der Weg führt weiter durch einige Säle mit Kunstwerken verschiedener Jahrhunderte (samt dem Deckenfresko Tiepolos im Roten Saal, bis 1729 war der Maler in dem Palazzo tätig) zu einem weiteren Highlight dieser Belletage, der 1711

Der Palazzo Patriarcale birgt eine prächtige Barockbibliothek.

eingeweihten **Bibliothek** des Patriarchen Dionisio Delfino. Kunstvolle Holzregale in zwei Etagen, Kirchenväter und 14 geschnitzte Putti oben auf der Balustrade mit Symbolen der Künste, der Wissenschaften und des Glaubens. Wer sie geschnitzt hat, weiß man nicht. Stuckarbeiten und gemalte Darstellungen beziehen sich auf Weisheit, Vernunft und ebenfalls auf die verschiedenen Künste und Wissenschaften. Kein Quadratmeter, an dem der Betrachter nicht ins Staunen kommt. Etwa 10.000 Bücher umfasst die Bibliothek heute, jede Menge Raritäten sind darunter, 800 Handschriften, 150 Inkunabeln, also jene ganz frühen Drucke aus der zweiten Hälfte des 15. Jahrhunderts. Museumsführer Valentino schmunzelt: „Das erste gedruckte Buch überhaupt war eine Bibel, die Gutenberg-Bibel. Das erste gedruckte Buch hier in Friaul war ein Kochbuch, mit Rezepten, wie Fleisch und Wild zuzubereiten sind."

Könnten Heiligenfiguren ihre Geschichte erzählen, dann herrschte im ersten Stock des Patriarchenpalastes intensives Stimmengewirr. Da könnte die heilige Euphemia erzählen, dass kluge Forscher sie für die schönste Holzskulptur Friauler Schnitzer des 14. Jahrhunderts halten und ob sie wirklich aus Aquileia stammt, wie manche vermuten. Es könnte der heilige Leonhard mit einer Kette in der Hand aus dem 15. Jahrhundert berichten, dass er im Mittelalter als Schutzheiliger der

Heilige Euphemia im Diözesanmuseum des Palazzo Patriarcale

Gefangenen galt, weil durch seine Fürbitten ein Kreuzfahrer freigelassen worden war. Da könnten die Madonna mit Kind und Heiligen auf einem Altar von 1534 darauf hinweisen, dass es der Udineser Künstler Giovanni Martini war, durch dessen Hand sie Gestalt annahmen, und dass jener Giovanni Martini im 16. Jahrhundert die Schnitzkunst in Friaul zu großartiger Blüte geführt hat.

### INFO

**Museo Diocesano e Galleria del Tiepolo**, Piazza Patriarcato 1, 33100 Udine, Tel.: +39 0432 25003 oder 298056, E-Mail: info@musdioc.tiepolo.it, www.musdioc-tiepolo.it

Vom Patriarchenpalast spaziert es sich abwechslungsreich zurück ins Zentrum links den Viale Ungheria entlang, vorbei am **Giardino (Garten) Ricasoli** und der **Roggia di Palma**, einem der ältesten Wasserläufe Udines aus dem 13. Jahrhundert, zur Via Piave, wo sich ein Zwischenstopp in der auf Friaul-Bücher spezialisierten Buchhandlung Friulibris lohnt. Auch in deutscher Sprache ist dort vieles zu finden, von Literatur bis zum Bildband. Dass einem beim Weiterspazieren in der Via Vittorio Veneto etliche weitere Buchhandlungen auffallen, ist wohl nicht nur eine Nachwirkung der Eindrücke von der Patriarchenbibliothek.

Piazza Girolamo Venerio mit der Kirche San Francesco

Wieder auf der Piazza Duomo angekommen führt uns der Weg nach links über die Via dei Calzolai zur **Piazza Girolamo Venerio**. Wo sich dieser Platz ausbreitet, stand einst ein Palazzo der Savorgnan, einer der mächtigsten Adelsfamilien in Friaul. In diesem Palazzo, so heißt es, haben sich am 26. Februar 1511 die 15-jährige Lucina Savorgnan Del Monte und der 26-jährige Kavallerie-Hauptmann Luigi Da Porto aus dem Familienzweig der Savorgnan Del Torre bei einem Faschingsball kennen und lieben gelernt. Glaubt man den Forschungen des englischen Literaturprofessors Cecil H. Clough, so waren diese beiden die wahren Vorbildfiguren für **Romeo und Julia**. Die Savorgnan Del Monte und die Savorgnan Del Torre waren verfeindet wie die Capulets und die Montagues. Die Liebe von Lucina und Luigi war also eine verbotene, Lucina musste einen anderen Cousin heiraten und der in einem Kampf schwer verwundete Luigi schrieb angesichts seines Liebesdramas eine Novelle. Diese verbreitete sich laut Clough zu anderen Dichtern, erreichte über diese auch Shakespeare und wurde zur Vorlage für die berühmteste Liebesgeschichte der Welt, „Romeo und Julia". Fakten und Mythen über **„Lucina e Luigi"** sind in etlichen Publikationen zusammengetragen worden. Eine „Associazione Giulietta e Romeo in Friuli" pflegt diese Geschichte mit Vorträgen und Festen.

Die Piazza Venerio wird an einer Seite begrenzt von einem der ältesten Kirchenbauten Udines aus dem 13. Jahrhundert, der ehemaligen **Kirche San Francesco**. Sie dient heute als Raum für Ausstellungen und Konzerte.

Lucina Savorgnan soll das Vorbild für Romeos Julia gewesen sein.

An ihr vorbei gelangen wir zur nahegelegenen **Piazza XX Settembre**. Der eingeschossige, heute leerstehende Vorbau neben dem **Palazzo Veneziano** war einst das renommierte Ristorante Friuli, ein Intellektuellen-Treffpunkt. Hier machte im April 1954 der spätere Literatur-Nobelpreisträger Ernest Hemingway halt. Er war am Weg zur Villa der mit ihm befreundeten Familie Kechler in Percoto bei Udine (heute Gemeinde Pavia di Udine) und traf sich im Friuli mit einigen jungen Journalisten.

Genau gegenüber dem Friuli dominiert der neoklassische, ab 1833 errichtete **Stadtpalast Kechler**, der mit seinen prächtigen Sälen heute als Kongress- und Veranstaltungsort beliebt ist.

Nun geht es über die Via Cesare Battisti zur Piazza Giuseppe Garibaldi. Dort steht der **Palazzo Giacomelli**, ein Palast mit wechselhafter Geschichte und verschiedensten Besitzern. Im hinteren Teil des Gebäudes befand sich einst die größte Seidenspinnerei der Stadt, vorne bis 1900 auch ein Seidengeschäft (die Seidenraupenzucht und die Seidenspinnerei waren im 19. Jahrhundert ein florierender Wirtschaftszweig in Friaul). In der Folge stand der Palazzo Giacomelli lange verlassen auf der Piazza, bis er 1970 von der Gemeinde gekauft und dann renoviert wurde. 2010 öffnete hier das **Museo Etnografico del Friuli**, das ethnografische Museum Friauls, seine Pforten. Wesentliche Teile der volkskundlichen Sammlung stammen von **Gaetano Perusini** (1910–1977), einer mehr als schillernden Persönlichkeit.

Das ethnografische Museum in Udine

Der Ethnologe und Historiker stammte aus der renommierten Winzerfamilie Perusini und lebte auf dem Weingut Rocca Bernarda. Seine Leidenschaft galt der Bewahrung des Wissens über die bäuerlichen und bürgerlichen Traditionen von Friaul. Als Professor an der Universität Triest suchte er sein Wissen weiterzugeben. Das Sammeln von Volkskunst und volkskundlichen Gegenständen des täglichen Lebens gehörte zu diesem Engagement. Aber er hatte auch andere Seiten, die erst nach seinem Tod bekannt wurden. Im Juni 1977 fand man seine Leiche in seiner Triestiner Wohnung. Ermittelt wurde wegen Mordes ausschließlich im Zusammenhang mit Perusinis homosexuellen Neigungen, berichtete der deutsche Autor Veit Heinichen, bekannt für seine Triest-Krimis.

Heinichen stieß 2004 bei Recherchen um den geheimnisvollen Tod eines Sammlers von Kriegsmaterial namens De Henriquez auf Hinweise, Perusini könnte im Besitz von Dokumenten gewesen sein, die auf einen Mord an De Henriquez hinwiesen. De Henriquez habe offenbar vorgehabt, in einem Prozess im Zusammenhang mit dem Vernichtungslager Risiera di San Sabba in Triest über Kollaborateure mit den Nazis auszusagen.

Die Dokumente aus dem Besitz Perusinis waren ebenso verschwunden wie Ermittlungsakten zu seinem Tod. 32 Tage vor seinem Tod hatte Perusini per Testament verfügt, dass das Weingut Rocca Bernarda nach seinem Ableben an den Malteserorden gehen sollte. Was Verwunderung auslöste, da der Orden, wie Heinichen in einem Interview formulierte, Perusini politisch fern stand. Die Familie Perusini hat das Testament

Friulanische Trachten der Sammlung Gaetano Perusini

erfolglos angefochten. Aus anderen Quellen ist zu entnehmen, dass die Rocca Bernarda im Zweiten Weltkrieg phasenweise als Treffpunkt von Partisanen galt. Im Kriminalroman „Der Tod wirft lange Schatten" hat Heinichen übrigens viele seiner Recherchen über De Henriquez und Perusini verarbeitet.

Doch zurück zu Perusinis Leidenschaft für die Volkskunde und zum ethnografischen Museum. Er widmete sich besonders der Entwicklung der friulanischen Tracht. Und so stehen im zweiten Stock des Museums die traditionelle Bekleidung sowie die Stoff- und Webkunst im Zentrum. Das Weben wurde im häuslichen Bereich gepflegt, aber ein maßgeblicher Impuls kam durch den karnischen Unternehmer Jacopo Linussio, der im 18. Jahrhundert eine bedeutende Textilmanufaktur gründete und seine Stoffe in verschiedenste Länder Europas und sogar bis Amerika exportierte. Von Linussio wird noch im Kapitel über Tolmezzo die Rede sein.

### INFO

**Museo Etnografico del Friuli**, Palazzo Giacomelli, Via Grazzano 1, 33100 Udine, Tel.: +39 0432 1272920, E-Mail: museoetnografico@comune.udine.it, www.udinecultura.it, www.civicimuseiudine.it

Stoffe waren auch wichtiger Lebensinhalt von **Dante Cavazzini** (1890–1987). Weshalb sich nun der Weg wieder zurück in Richtung Rathaus, also zum Palazzo D'Aronco, empfiehlt. Diesem schräg gegenüber in der Via Cavour leuchtet die dunkelrote Fassade der **Casa Cavazzini**. Bis 1990 befand sich hier im Erdgeschoss das Stoffgeschäft „Al Ribasso". Dieser Name („Preissenkung") war Programm des Inhabers, der mit Sonder-

Friaul als Wandgemälde Afro Basaldellas in der Casa Cavazzini

angeboten bestens Kunden erobern konnte. Der 1890 geborene Dante Cavazzini stammte aus der Emilia und hatte nach dem Ersten Weltkrieg den Handel mit Stoffen als sein Metier entdeckt. Höchst erfolgreich machte er seine Geschäfte nicht nur in Italien, sondern auch in Wien, Krakau oder Warschau. 1922 mietete er das Ladenlokal in der Via Cavour 6, der Absatz florierte, 1937 kaufte er das ganze Haus. Das auch historisch interessante Gebäude lässt sich vom Besucher leicht erobern. Nur keine Schwellenangst!

Das seit 2012 in der Casa Cavazzini beheimatete **Museo D'Arte Moderna e Contemporanea di Udine** ist ein überaus einladendes Ambiente. Der friulanischen Architektin Gae Aulenti, die auch an Umbauten so prominenter Museen wie dem Gare d'Orsay und dem Centre Pompidou in Paris oder dem Palazzo Grassi in Venedig beteiligt war, ist eine überzeugende Fusion von Neu und Alt gelungen. Diese ermöglicht es, sowohl die baulichen Strukturen als auch die Ausstellungsstücke in den Blick zu rücken. Reste eines antiken Brunnens fügen sich in einem vom Hof zum Raum mutierten Atrium mit modernen Exponaten zu einem harmonischen Ensemble. Glasüberdacht ist auch der einst große Innenhof, der gemeinsam mit einer gewölbten alten Loggia mit vielen Säulen zum großzügigen Raum für Wechselausstellungen wird.

Auf die Spuren Cavazzinis führt der erste Stock. Nachdem der Stoffkaufmann das Haus erworben hatte, ließ er es von dem Architekten Ermes Midena (1895–1972) renovieren. Dieser war es, der Cavazzini einen jungen, noch kaum bekann-

Basaldella-Saal in der Casa Cavazzini in Udine

ten Künstler zur Dekoration der Wohnräume empfahl, den damals 25-jährigen **Afro Basaldella**. Er war der jüngste von drei Udineser Brüdern, die alle in Venedig Kunst studierten und sich auch alle international große Anerkennung erarbeiteten. Dino (1909–1977) ging als Bildhauer seinen Weg, Mirko (1910–1969) als Bildhauer, Maler und Zeichner sowie Afro (1912–1976) als Maler. Dieser jüngste Basaldella also bekam den Auftrag für Wandmalereien im Esszimmer Cavazzinis. Es wurde ein ganzer Zyklus, ausgeführt in Eitempera, weil Afro diese Technik als die flexibelste empfand. Die Wände und das Gewölbe des Raumes zeigen ländliche Szenen und städtische Gebäude, arbeitende Männer und Frauen, spielende Kinder, aber auch Putti und Allegorien der Künste. Auf der Rückwand des Vestibüls ist Friaul als eine symbolische Landschaft festgehalten, mit einem Plan von Udine links oben. Es sind lauter illusionistische Räume, die Afro wohl mit der Intention gemalt hat, sie mit der Wirklichkeit verschmelzen zu lassen. Kenner entdecken in den Wandmalereien des jungen Basaldella Einflüsse von Jacopo Tintoretto, Jacopo Bassano und auch Paolo Veronese.

Wie sehr sich aber Basaldellas Malereien im Laufe seines künstlerischen Lebens verändert haben, ist ein paar Räume weiter zu sehen. Hier stehen und hängen Exponate der drei Basaldella-Brüder aus den verschiedensten Schaffensphasen. Afro war nach dem zweiten Weltkrieg vom Postkubismus Picassos beeinflusst und entdeckte nach Aufenthalten in den USA die abstrakte Expression für sich. Dino Basaldellas Skulpturen sind ebenfalls geprägt von starker Expression, egal ob

Spätwerk Afro Basaldellas: Angelica, 1964, Mischtechnik

sie in Holz oder Metall ausgeführt sind. Und Mirko Basaldella fiel lange Jahre durch eine von der metaphysischen Malerei bestimmten Bildsprache und monumentale Skulpturen auf. Auch wenn jeder der Brüder seinen eigenen Weg ging: Erfolge in Rom, bei der Biennale in Venedig und in den USA feierten alle drei.

Wer Lust hat, sich auf die Moderne in Friaul einzulassen, ist im Museum in der Casa Cavazzini jedenfalls bestens aufgehoben. Die Sammlungen Marangoni und Astaldi bieten gleichermaßen Einblicke in das künstlerische Schaffen im Italien des 20. Jahrhunderts. Und im Raum der Sammlung des italienisch-amerikanischen Komitees FRIAM – Friuli Art and Monuments sind Werke amerikanischer Großmeister wie Roy Liechtenstein, Willem de Kooning, Frank Stella oder Christo zu sehen. Diese Arbeiten sind nach dem Erdbeben in Friaul 1976 aus Solidarität gesammelt worden, gemeint als ein wenig Gegengewicht zu den vielen zerstörten Kunstwerken.

Nur ein paar Schritte sind es von der Casa Cavazzini hinüber zum hier schon erwähnten Caffè Contarena. Bei einem Drink lassen sich die vielfältigen Eindrücke des „ganz anderen Udine“ ohne Zweifel bestens verarbeiten.

Eingangsbereich des Museo D'Arte Moderna in der Casa Cavazzini

## INFO

**Casa Cavazzini** (Museo D'Arte Moderna e Contemporanea di Udine), Via Cavour 14, 33100 Udine, Tel.: +39 0432 1273772, E-Mail: casa.cavazzini@comune.udine.it, www.civicimuseiudine.it

**Musei del Castello** (Castello, Museo Archeologico, Museo del Risorgimento, Galleria d'Arte Antica, Museo della Fotografia), Piazzale del Castello 1, 33100 Udine, Tel.: +39 0432 1272591, E-Mail: civici.musei@comune.udine.it, www.civicimuseiudine.it

**Dom mit Museum**, Cattedrale di Udine, Piazza del Duomo 1, 33100 Udine, Tel.: +39 0432 505302, E-Mail: info@cattedraleudine.it, museo@cattedraleudine.it, www.cattedraleudine.it

Santa Maria la Longa
Clauiano
Roggia Milleacque
SR352
SP33
Mereto di Capitolo
Roggia di Palma
Roggia Brentana
Sottoselva
Ialmi
San Marco
Via Natisone
Palmanova
SR252
Via Montello
Viale Taglio
Palmanova
Autostrada Serenissima
Autostrada
Sevegliano
Via Julia
Via Julia
Bagnaria Arsa
Privano
Via Gorizia
SP65
Roggia Milleacque
Via Julia
SR352
SP69
Canale San Tommaso
Fiume Taglio
SP108
Canale Barisada
Campolonghetto
SR352-var
Via Palmanova
Roggia Castra
Strassoldo
Canale Precapo
Canale Scalo
SR352-var

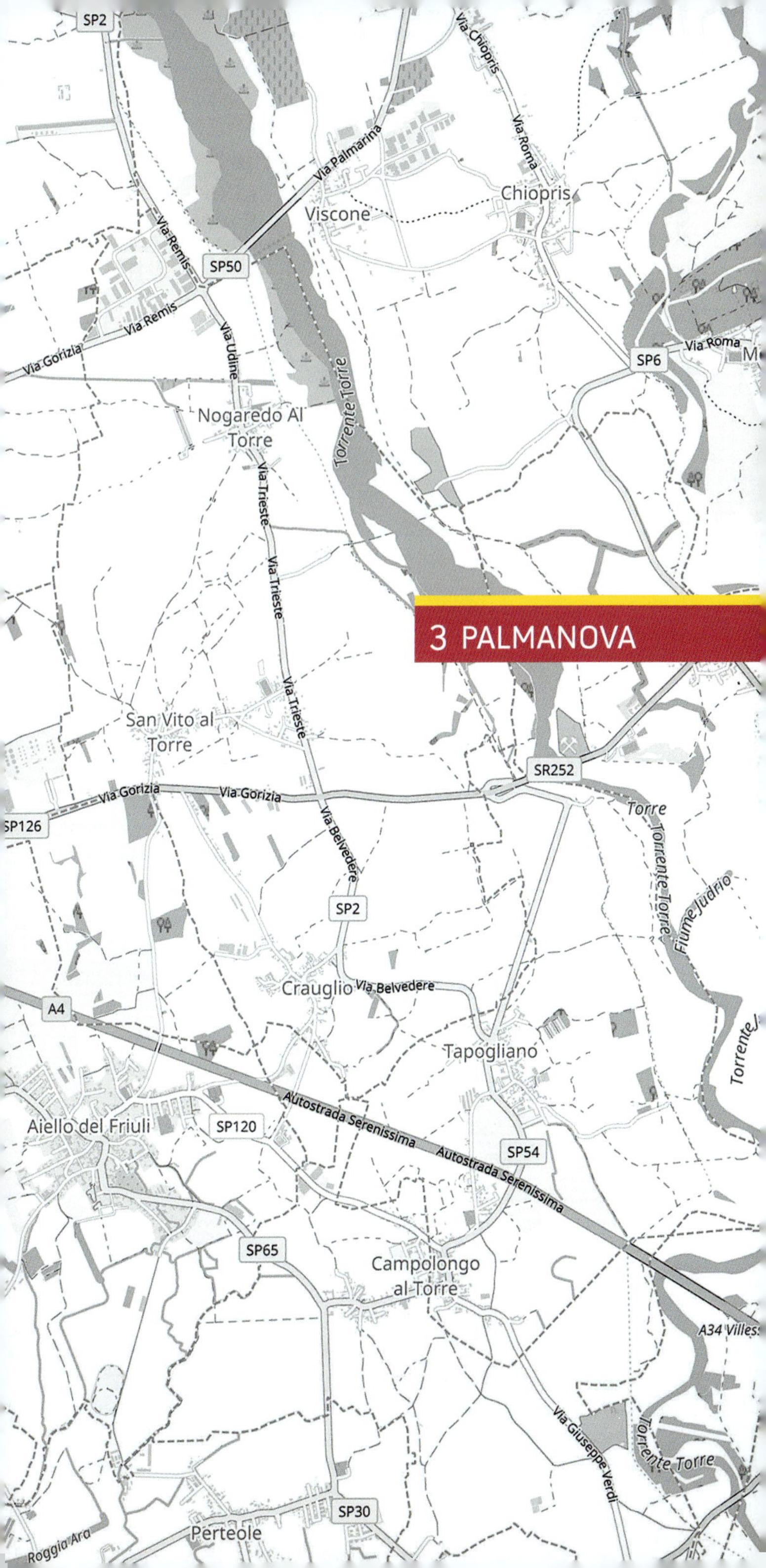

3 PALMANOVA
SP2
Via Chiopris
Via Palmarina
Via Roma
Chiopris
Viscone
Via Remis
SP50
Via Remis
Via Gorizia
Via Udine
Torrente Torre
SP6
Via Roma
Nogaredo Al Torre
Via Trieste
Via Trieste
Via Trieste
San Vito al Torre
SR252
Via Gorizia
Via Gorizia
SP126
Torre
Torrente Torre
Via Belvedere
Fiume Judrio
SP2
Crauglio
Via Belvedere
A4
Tapogliano
Torrente
Autostrada Serenissima
Aiello del Friuli
SP120
SP54
Autostrada Serenissima
SP65
Campolongo al Torre
A34 Villes
Via Giuseppe Verdi
Torrente Torre
SP30
Perteole
Roggia Ara

# 3 Ein Stern in der Landschaft:

Ein neunzackiger Stern liegt in der Landschaft, der heißt Palmanova. Nur aus der Vogelperspektive lässt sich seine Schönheit vollständig erkennen. Die Festungsstadt wurde von Venedig errichtet, denn 1511 war Gradisca d'Isonzo als östlichste Festung der Serenissima in die Hände der Habsburger gefallen. Ersatz war also nötig, wegen der drohenden Türkengefahr und wegen der venezianischen Befürchtungen, die Österreicher könnten weitere Ambitionen in Richtung Westen haben.

Auf dem riesigen Platz, der das Herz der Stadt bildet, der **Piazza Grande**, kann man sich leicht verloren fühlen – es sei denn, man mag sich vorstellen, wie sie einst als Exerzierplatz diente. Denn vorrangig militärische Überlegungen bestimmen das Gesicht Palmanovas.

Die Idee einer **Idealstadt**, am Reißbrett entworfen, ist typisch für die Renaissance, im Barock konzentrierten sich Fürsten und ihre Baumeister gerne auf das Entwerfen von Festungsstädten. Palmanova, in der Spätphase der Renaissance errichtet, repräsentiert beides in perfekter Form. Ein Blick auf ältere Versuche idealer Festungsbauten in anderen Regionen Italiens zeigt das. Aus dem Jahr 1554 stammt etwa ein fünfeckiger Idealplan für Guastalla, einem Ort in der Emilia-Romagna. Zwischen 1554 und 1571 wurde Sabbioneta in der

# Palmanova und Umgebung

Lombardei nahe Mantua als Idealstadt errichtet. In beiden Fällen flossen Überlegungen eines Florentiners ein: Bonaiuto Lorini war mit seinen Ideen zur städtischen Fortifikation damals sehr erfolgreich. Er stand lange in den Diensten Venedigs. Im Jahr 1592 wurden dort seine Regeln für den Bau von solchen Wehranlagen erstmals gedruckt (1). Kein Wunder also, dass die Serenissima auf seine Erfahrungen auch in Palmanova zurückgriff. Er hatte in den Türkenkriegen und bei der Befestigung flandrischer Städte Informationen gesammelt und versuchte die Wissenschaftlichkeit des Festungsbaus aus der Geometrie abzuleiten (2).

### LITERATUR

(1) **Delle fortificazioni di Bonaiuto Lorini**, Nobile Fiorentino, Libri cinque, Ne' quali si mostra con le più facili regole la scienza con la pratica di Fortificare le Città, e altri luoghi sopra diversi siti. Venezia 1592 und 1596, neu gedruckt 1609

(2) **Stefan Schweizer: Zwischen Repräsentation und Funktion.** Die Stadttore der Renaissance in Italien. Göttingen, Vandenhoeck & Ruprecht 2002

Lorinis Stadtgrundrisse gehen von der Kreisform aus, oft mit neun Bastionen. Sein Schema sollte beim Bau von Palmanova Anwendung finden. Die Bauleitung übernahm Giulio Savorgnan, Militärbaumeister der Republik Venedig (Teile der friula-

Palmanova – ein neunzackiger Stern in der friulanischen Ebene

nischen Adelsfamilie Savorgnan waren ja Venedig in vielerlei Hinsicht eng verbunden), auch er ein Fachmann für Innovationen beim Festungsbau. So flossen die Ideen Savorgnans und Lorinis wohl ineinander, ergänzt auch noch durch die von Marcantonio Martinengo, der vom Senat in Venedig entsandt worden war, um einen tauglichen Platz für die Fortifikation zu finden. 1593 erfolgte die Grundsteinlegung.

Der Grundriss der damals noch Palma genannten Stadt ist nur scheinbar einfach. Wer sich ein wenig in ihn vertieft, bemerkt, wie ausgeklügelt der Übergang vom sechseckigen, zentralen Platz zu den neun Zacken des Hauptwalls ist. Die gürtelförmig die Piazza Grande einfassenden Straßen laufen zwar gleichmäßig rundum, aber nur sechs von 18 Radialstraßen erreichen den Platz. Die anderen zwölf setzen bei der ersten Gürtelstraße an. Doch zum Erreichen der Bastionen sind sie nicht minder essentiell. Und nur drei der Radialstraßen münden bei einem Stadttor.

Jede „ideale“ Festungsstadt sollte auch dem Anspruch genügen, Macht zu demonstrieren. Daran orientierte sich die Organisation des sozialen Lebens. Deshalb ist die Piazza Grande nicht nur als riesiger Exerzierplatz dimensioniert, sie wird optisch dominiert von dem 1603 begonnenen, aber erst 1777 geweihten Dom. Wie überall, wo die Venezianer ihren Einfluss signalisieren wollten, findet sich auch an seiner Fassade der geflügelte Markuslöwe. Militärische Hierarchien sind an den Gebäuden erkennbar, von den reich ausgestatteten Palazzi im Zentrum bis zu den einfachen Kasernen nahe den Befestigungen.

Für 20.000 Menschen war die Stadt Palmanova geplant, doch es erwies sich als schwierig, sie zu „befüllen“, trotz der Tatsache, dass die, die bereit waren sich hier anzusiedeln, große Vorteile genossen. Verurteilten etwa wurde nicht nur die Strafe erlassen, sie bekamen auch noch Baugrund in der Stadt geschenkt.

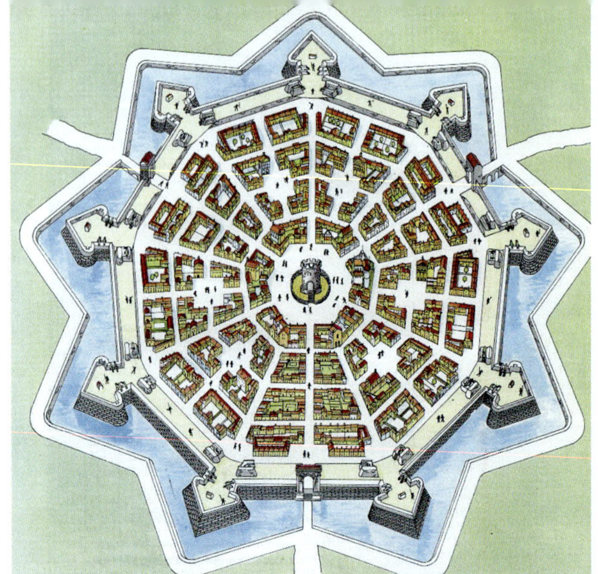

Die ideale Festungsstadt wurde von den Venezianern errichtet.

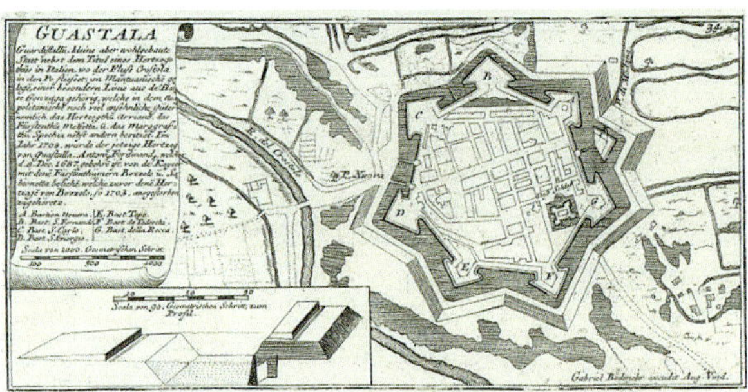


Pläne von Vorbildern für Palmanova finden sich im Militärmuseum.

Ihre Funktionstüchtigkeit musste die **Fortifikation** nie beweisen. Sie fiel im Jahr 1797 de facto ohne größere Auseinandersetzungen an Napoleon. Die Franzosen erweiterten die Stadt um einen zusätzlichen Befestigungsring, entsprechend der nun größeren Reichweite der Kanonen. Aus Palma wurde Palmanova. Aber in der friulanischen Sprache heißt die Stadt noch immer „Palme", die Einwohner nennen sich „Palmarini".

Auch wenn man vom Boden aus die sternförmige Anlage nicht insgesamt sieht, so lassen sich doch bei jedem der drei Stadttore – **Porta Udine, Porta Aquileia und Porta Cividale** – Eindrücke von der ausgeklügelten Befestigungsanlage gewinnen. Wen die Stadttore an Architekturen Palladios erinnern, der hat ein gutes Gefühl. Die Entwürfe werden Palladios Nachfol-

Porta Udine mit dem Aquädukt zur Wasserversorgung der Stadt

Die Festungsanlage ist auf beschilderten Wegen begehbar.

ger Vincenzo Scamozzi aus Vicenza zugeschrieben. Um 1605 wurden sie errichtet, also in jener Zeit, als Scamozzi auch einen Plan für den Neubau des Salzburger Domes lieferte (realisiert wurde dort allerdings eine kleinere Variante von Santino Solari).

Kasernenbauten und Munitionslager finden sich nahe den Toren. Bei der Porta Cividale gibt das **Museo Storico Militare** Aufschluss über die Konstruktion der Anlage, die in weiten Teilen begehbar ist: Da spaziert es sich mit vielen interessanten Perspektiven nicht nur auf dem inneren Festungsring entlang, sondern ein beschilderter Weg führt auch zum äußeren Stern, vorbei an den riesigen Ziegelmauern der Bastionen, an den Kasematten bis zu napoleonischen Teilen der Befestigung. In

Strassoldo – eines der schönsten Burg-Ensembles in Friaul

Der Park des Castello Strassoldo di Sotto

knapp eineinhalb Stunden kann man auf diese Weise Palmanova gemütlich umrunden.

## TIPP

Am zweiten Sonntag im Juli und auch im September wird bei historischen Festen, **Rievocazione storica** genannt, die venezianische Zeit in Palmanova wieder lebendig, mit Volk in Kostümen und Rüstungen, Tänzen, Reitturnieren etc. – und auch mit Kutschenfahrten für Besucher zu den Befestigungen.

Als Friaul 1866 zum Königreich Italien kam, verlor die Verteidigungsanlage ihre Bedeutung. Im Ersten Weltkrieg war sie ein logistisches Zentrum und Feldspital der italienischen Armee, die Österreicher überrannten Palmanova nach der letzten Isonzoschlacht. Im Zweiten Weltkrieg drohte Palmanova von deutschen Truppen zerstört zu werden, sie wollten die

Der Garten des Castello Strassoldo di Sopra

Munitionslager sprengen. Doch der Erzpriester, der Stellvertreter des Bischofs, brachte sie davon ab. Und so blieb der von den Venezianern gut 350 Jahre zuvor geschaffene Stern in der Landschaft erhalten.

### INFO

**Tourismusbüro**, Borgo Udine 4, 33057 Palmanova, Tel.: +39 0432 924815, E-Mail: info.palmanova@promoturismo.fvg.it, www.turismofvg.it/Info-utili/Uffici-turistici/Palmanova-Infopoint

**Museo Storico Militare**, Borgo Cividale 44 (Dongione di Porta Cividale), 33057 Palmanova, Tel.: +39 0432 928175, E-Mail: museo_palmanova@esercito.difesa.it, www.esercito.difesa.it. Ein zweiter Teil dieses Museums befindet sich im Palazzo del Governatore delle Armi, Piazza Grande 21.

Die kriegerischen Auseinandersetzungen zwischen den venezianischen und den habsburgischen Truppen sind auch an dem nur wenig südlich von Palmanova gelegenen **Strassoldo** nicht spurlos vorübergegangen. Aber die Grafen von Strassoldo haben es damals, und insgesamt nun schon mehr als 1.000 Jahre lang, geschafft, im Besitz der Schlossanlage zu bleiben, eines der schönsten Ensembles in Friaul. Strassoldo di Sopra, die obere Burg, Strassoldo di Sotto, die untere Burg, der zugehörige Borgo Vecchio, der alte Ort, die Kirche San Nicolò – all das fügt sich zu einem reizvollen Ambiente, das auch von prächtigen Gärten umgeben ist.

Clauiano nahe Palmanova, eines der schönsten Dörfer Friauls

Alte Küche in Strassoldo di Sotto, dekoriert für das Frühlingsfest

## TIPP

In Strassoldo finden zweimal im Jahr Veranstaltungen statt, die Gelegenheit geben, die Schlossanlage genauer anzusehen: Traditionellerweise am Palmsonntag lädt Strassoldo ein zu **Fiori, Acque e Castelli** / Blumen, Wasser und Schlösser und am vorletzten Wochenende im Oktober zu **Frutti, Acque e Castelli** / Früchte, Wasser und Schlösser. Da werden die zwei malerischen Burgen Strassoldo di Sotto und Strassoldo di Sopra sowie etliche ihrer Nebengebäude geöffnet, viele Kunsthandwerker stellen dort ihre Werke aus.

Und es gibt **Führungen in dem normalerweise nicht zugänglichen Park von Strassoldo di Sotto**. Persönlich führt Contessa Ombretta Strassoldo durch die drei unterschiedlichen Gartenbereiche: den englischen Park, den Form-Garten mit rechteckigem Teich samt Insel in der Mitte und den autochthonen, also für Friaul ganz spezifischen, Bereich, wo die „risorgive" genannten Quellen zu beobachten sind. Das Flüsschen Taglio trägt das Seine zum idyllischen Ambiente bei. Fantasievolles Blumendekor findet sich in den Gebäuden und im Freien, Gärtner und Kunsthandwerker beleben die Szenerie ebenso.

**Strassoldo di Sopra**, Via dei Castelli 21, 33050 Cervignano del Friuli (UD), Tel.: +39 0431 93217, +39 0431 93095, E-Mail: info@castellodistrassoldo.it, www.castellodistrassoldo.it

Alte Dorfstrukturen sind in Clauiano erhalten.

Malerische Steinstrukturen in Clauiano

In Strassoldo stößt man in der Geschichte auf den Namen von Feldmarschall Josef Wenzel Radetzky, dem Johann Strauß einen Marsch widmete. Er war zweifellos der wichtigste österreichische Heerführer in der ersten Hälfte des 19. Jahrhunderts und in Gradisca d'Isonzo an Befestigungsarbeiten beteiligt. 1798 heiratete der damalige Major Radetzky in der Kirche San Nicolò die Gräfin Francesca von Strassoldo-Gräfenberg, eine Tochter von Leopold Graf von Strassoldo und Maria Franziska von Auersperg. Fünf Söhne und drei Töchter gingen aus dieser Verbindung hervor, ehe Francesca 1854 starb. Nur ein Sohn und eine Tochter überlebten den Vater.

Die Familie Strassoldo war im 16. Jahrhundert dank zahlreicher Belehnungen durch die Grafen von Görz zu großem Reichtum gekommen. In den besten Zeiten erstreckte sich ihr Besitz über neunzig Ortschaften.

Eine davon heißt **Clauiano** und liegt nordöstlich von Palmanova an der Straße, die nach Trivignano Udinese führt. Dieser Ort ist außergewöhnlich wegen seines alten Ortskerns mit bestens gepflegten traditionellen Häusern und einer Vielzahl an Villen und Palazzi der unterschiedlichsten Adelsfamilien.

Die alte bäuerliche Kultur ist in Clauiano lebendig.

Die ältesten Bauten stammen aus dem 16. Jahrhundert, sehr viele aus dem 17., 18. und 19. Jahrhundert. Typische friulanische „case“, gestreckt entlang der Straße, kunstvolle steinerne Einfassungen von Fenstern und Toren prägen das Ortsbild. Und selten ist die Tradition des Bauens mit den „sassi a vista“, also den sichtbar bleibenden Kieselsteinen und Ziegeln der Fassaden, so umfassend erhalten wie in diesem Ortskern.

Derlei ländliche Ästhetik erfährt Ergänzung durch die nobleren, am Typus venezianischer Villen orientierten, Landhäuser. Ein Miteinander von ungeheurer Vielfalt. Selbst eine Villa Manin findet sich hier, errichtet von jener Familie des letzten Dogen von Venedig, die auch die riesige, berühmte Villa Manin in Passariano bei Codroipo erbauen ließ.

## TIPPS

Am ersten Sonntag im April wird Clauiano zu einem Blumendorf, zum **Borgo in Fiore**. Gärtner aus der ganzen Gegend kommen in das Dorf und bieten ihre Pflanzen und Blumen entlang den Straßen an. Das ergibt gemeinsam mit den malerischen Häusern eine besondere Atmosphäre.

**Das Weingut Foffani** hat als erstes in Friaul wieder damit begonnen, weißen Merlot zu erzeugen, entsprechend einer alten Tradition mit aufwendigen Methoden gekeltert aus den roten Merlot-Trauben. Im zugehörigen Antico Cantinone werden hungrige Mägen mit friulanischen Spezialitäten zufriedengestellt.

**Foffani Azienda Vinicola**, Piazza Giulia 13, Clauiano, 33050 Trivignano Udinese (UD), Tel.: +39 0432 999584, E-Mail: info@foffani.it, www.foffani.it

Die Villa Manin in Clauiano

Das Weingut Foffani ...

... und seine Taverne

Aquileia
Fiume Natisso
Canale Tiel
Canale Morto
SP91
SP68
Località Beligna
Canale Primario
Via Beligna
Canale principale 4
Canale Padovano
Via Palazzatto
SR352
Fiume Natisso
Canale principale 3
Bosc
Belvedere
aguna di Grado
Ara Storta
Canale della Taipo
Canale dello Sdrettolo
Canale Figariola
Canale Cavegi
Gorgo
Canale di Belvedere
Canale di Fra' Simon
Canale delle Mee
Strada Mosconi
Canale dell'Omo Morto
Canale Biero
Valle del Moro
Ravaiarina
Canale di San Pietro D'Orio
Le Cove
Canale dei Moreri
Banco d'Orio
Riva Ugo Foscolo
Grado

SP19
Isonzo
Canale Renzita
Via Grado
Via Due Fiumi
Canale Collettore Occidentale
Riserva naturale regionale della Foce dell'Isonzo
Canale Quarantia
Canale Alberoni
Canale Principale IV di Bonifica
Canale Socchetti 2
Via Luseo
SP19
Canale Tonizzo
Canale Cucchini (o Zemole)
Fiume Isonzato
Isonzo
SP19
Via Luseo
Canale Zemole
Canale Averto
Canale Sec.39 (Canale Averto)
Canale Muggia
Riserva naturale regionale della Valle Cavanata
Valle Panera
Canale di Primero
Canale di Primero
Banco Mula di Muggia
Banco Mula di Muggia

# 4 Der Zauber von Aquileia und Grado

„Wenn ich über das große, wellige Mosaik ging, war mir, als ob ich über ein urplötzlich gefrorenes Meer ginge. An der Oberfläche oder aus der Tiefe blickten mich die an, die ‚eine Opfergabe darbrachten', auch sie erstarrt unter der Platte der Zeit. In der Mitte dann, auf der Höhe des Querschiffes, betete Jonas mit gefalteten Händen, gefangen im Netz ..." So beschrieb der Künstler **Giuseppe Zigaina** Jugenderinnerungen an die Basilika von Aquileia und ihre berühmten Mosaikböden (zitiert aus dem Kapitel „Poppo" in: Giuseppe Zigaina: Mein Vater, der Widder. Erzählungen. Aus dem Italienischen von Karin Fleischanderl, Folio Verlag, Wien/Bozen 2008).

In dem nahe Aquileia gelegenen Cervignano ist Zigaina (1924–2015) geboren, er verbrachte einen Großteil seines Lebens hier und widmete sowohl Gemälde und Grafik als auch Texte dieser Gegend samt der Lagune. Zigaina zählt zu den bedeutendsten bildenden Künstlern Italiens. Geprägt wurde er auch durch seine Freundschaft mit Pier Paolo Pasolini, dem Aquileia, Grado und die Lagunenlandschaft – die er durch Zigaina lieben lernte – ebenso viel bedeuteten.

**Aquileia** ist prädestiniert für emotionale Begegnungen. Begegnungen mit dem, was Jahrhunderte künstlerischer Aus-

drucksformen hinterlassen haben – in Architektur und Ausgrabungsstücken vibrierende Geschichte. Die berühmten frühchristlichen Bodenmosaike, die romanischen Fresken in der Apsis der Basilika, die Reste der römischen Siedlung mit Forum Romanum, Via Sacra, Straßen und Aquädukt – sie ziehen einen zweifellos in ihren Bann.

Aquileia wurde früher mit „Adlerstadt“ übersetzt in der Vermutung, dass sich der Name von den Adlerflügen ableitet, die heidnische Priester einst als günstige Vorzeichen deuteten. Realistischer ist, dass der Name vom antiken Flüsschen Aquilis („dunkler Fluss“) kommt, an dem die Römer 181 vor Christus Aquileia gründeten.

Da war ringsum nur sumpfige Ebene. Aber Rom wollte hier eine Militärkolonie zum Schutz vor Feinden aus dem Norden errichten, samt Kanalanlagen, die halfen, den Fluss Aquilis (heute mit geändertem Lauf der Fluss Natissa) als Verbindung zum Meer zu nutzen. So wurde der **Porto fluviale**, der Flusshafen, gebaut und so entstand Grado, „ad gradus“, die „Stufe“ (im Sinn einer Anlegestelle), als Seehafen Aquileias auch schon im 2. Jahrhundert vor Christus.

Die romanisch-gotische Basilika von Aquileia …

… mit gotischen Bögen und dem frühchristlichen Bodenmosaik

Ein Blickfang der Ausgrabungen: das römische Forum

Jonas-Legende, Detail des Bodenmosaiks aus dem 4. Jahrhundert

„Recordete che Gravo xé figia de Quileia e mare de Venessia." So klingt es, wenn Gradeser in ihrem venezianisch geprägten Dialekt betonen: „Grado ist die Tochter von Aquileia und die Mutter Venedigs."

Die Stadt profitierte von den großen Handelswegen in Richtung Norden und Osten (in die Provinzen Noricum, Raetia, Histria und Pannonia) und war ein Knotenpunkt für den ertragreichen Handel mit dem Orient. So wurde das römische Aquileia mit seinem Seehafen Grado reich. Da war Venedig noch gar nicht gegründet, als dessen Gründungsdatum ja der 25. April 421 gilt, der Tag des heiligen Markus.

Aquileia war die zweite Stadt nach Rom, in der das Christentum Fuß fasste. Es heißt, der heilige Markus habe im Auftrag des Apostels Petrus den heiligen Hermagoras als ersten Bischof von Aquileia eingesetzt. Das ist allerdings eine Legende, die gepflegt wurde, um das Ansehen des Kirchensitzes zu heben. Hermagoras erlitt in Wahrheit in Singidunum, dem heutigen Belgrad, vermutlich um 304 den Märtyrertod. Seine Reliquien sind später nach Aquileia gebracht worden.

Als Kaiser Konstantin 313 das Christentum anerkannte, gab es jedenfalls in Aquileia bereits eine große christliche Gemeinde. In dem imposanten romanischen **Dom Santa Maria Assunta** aus dem 11. Jahrhundert, der über einem Vorgängerbau aus dem 4. Jahrhundert errichtet wurde, finden sich **Fußbodenmosaike** aus der Zeit des Bischofs Theodorus ab etwa dem Jahr 300. Sie zählen zu den eindrucksvollsten Zeu-

Die Basilika Sant'Eufemia in Grado

Die Säulen von Sant'Eufemia stammen aus römischen Gebäuden.

gen der frühchristlichen Antike. Ornamente, Menschenfiguren wie Der Gute Hirte, Tiermotive vielerlei Art. Auffallend ist die von Zigaina geschilderte Szenerie um den Propheten Jonas, der von einem Seeungeheuer ausgespuckt wird, dann daneben in einer Laube liegt und von vielerlei Meeresgetier und Fischerszenen umgeben ist. 1908 hat man bei Entwässerungsarbeiten diese Bodenmosaike entdeckt.

Aquileia zählt zu den wichtigsten Kulturstätten Italiens.

Auch in **Grado** werden ab dem 4. Jahrhundert die ersten christlichen Kirchen errichtet: etwa eine kleine, dem heiligen Petrus geweihte Basilika, über der ab 579 ein Neubau errichtet wurde, geweiht den Erzmärtyrern von Aquileia, Hermagoras, Fortunatus und Euphemia. Diese heutige **Basilika Sant'Eufemia** prägt die Altstadt auf eindrucksvolle Weise.

Aquileias Stern erlischt durch die Einfälle der Hunnen und der Ostgoten und im Jahr 568 – kurz nachdem die Bischöfe von Aquileia den Titel Patriarch angenommen hatten – erfolgt die Eroberung durch die Langobarden. Die christliche Gemeinde flieht nach Grado. In der Folge gab es zwei Patriarchate, ein dem römischen Kaiser verbundenes in Grado („Aquileia Nova"), das Mitte des 15. Jahrhunderts nach Venedig verlegt wurde, und ein schismatisches, langobardisches in Aquileia, das in der Folge in Cormons, Cividale und Udine residiert. Auch nach Beendigung der kirchlichen Spaltung bleiben beide Patriarchensitze bestehen. Aber die Bedeutung von Aquileia und Grado schwand mit diesen Entwicklungen dahin. Als jedoch im 11. Jahrhundert Patriarchen aus deutschen Adelsgeschlechtern in Aquileia Einzug hielten, begann eine neue Blütezeit. Der Dom wurde in wesentlichen Teilen neu gebaut. 65,50 Meter lang, 30 Meter breit und 23 Meter hoch – solche Dimensionen waren in dieser Zeit außergewöhnlich. Die gotischen Bögen des Langhauses ließ der Patriarch Marquard von Randeck im 14. Jahrhundert errichten. Die Stützen sind – wie in Sant'Eufemia in Grado – Spolien, also wiederverwendete Säulen aus römischen Bauten. Die deutschen Kaiser verliehen den Patriarchen Rechte als weltliche Herrscher. Erst 1420 endete der Patriarchenstaat, Venedig konnte wesentliche Teile erobern.

Das Baptisterium gegenüber der Basilika von Aquileia

Von den prächtigen Bauten Aquileias ist wenig erhalten geblieben. Aber der Dom, das Baptisterium, das Mausoleum und Ausgrabungsstätten wie das Forum sind kulturhistorische Anziehungspunkte der Sonderklasse. Nach wie vor wird bei Ausgrabungen Neues entdeckt, zuletzt ein römisches Theater, zwischen dem Forum und den Thermen gelegen.

**Das archäologische Museum** mit den davor zu Pyramiden gestapelten römischen Graburnen schüttelt den Staub vergangener Jahrzehnte ab, das Haus präsentiert nicht nur eine Auswahl der unzähligen Fundstücke, sondern auch wechselnde Spezialausstellungen.

## INFO

**Museo Archeologico Nazionale**, Via Roma 1, 33051 Aquileia (UD), Tel.: +39 0431 91016 und -91035, E-Mail: museoarcheoaquileia@beniculturali.it, www.museoarcheologicoaquileia.beniculturali.it

**Tourismus Infopoint Aquileia**, Parcheggio/Busterminal, 33051 Aquileia (UD), Tel.: +39 0431 919491, E-Mail: info.aquileia@promoturismo.fvg.it, www.turismofvg.it

Wie so oft bleibt hier Besonderes von Besuchern meist unbeachtet. Der **Belenus-Kult** zum Beispiel. Aquileia sollte aus Sicht der Römer ein Bollwerk gegen die Kelten sein. Es wurde aber auch ein Zentrum des Handels mit den Kelten in Noricum. Diese Verknüpfungen werden jedoch genauso im religiösen Bereich sichtbar. Im Lapidarium des archäologischen Museums stehen vier kleinere Weihealtäre für den keltischen Gott Belenus (im Depot lagern weitere). Dem römischen Apollo gleich war er vom 3. bis zum 4. Jahrhundert nach Christus, also in der späteren römischen Phase, eine besonders in

Römische Urnen vor dem Archäologischen Museum von Aquileia

Weihealtar für den Gott Belenus im Lapidarium des Museums

Aquileia vielverehrte Gottheit der Wiedergeburt, aber auch des Wassers, der Thermen, des Heilens.

Noch heute weist Aquileias Ortsteil Beligna auf Belenus hin. Ihm geweihte Tempel werden außerdem erwähnt auf den

Beliebt seit der Monarchie: der Strand von Grado

Gradeser Laguneninseln Barbana und San Pietro d'Orio. Spuren des keltisch-römischen Belenus-Kults sind logischerweise auch weiter im Norden nachweisbar, etwa in Karnien im Ort Zuglio, dem an der Via Iulia Augusta gelegenen römischen Iulium Carnicum und im erst keltischen, dann römischen Noricum beim heutigen Kärntner Thermalort Warmbad Villach.

**Grado** war im Mittelalter mit dem wieder erblühten Aquileia verfeindet. Als 1451 der Patriarch von Grado nach Venedig zog, blieben Verbindungen zur Serenissima zwar vorerst erhalten, aber die zeigte wenig Interesse. Und so war der Ort bald wieder kaum mehr als ein Fischerort. Die Kirchen verfielen, Kunstschätze wurden geplündert.

Mit dem Ende der Republik Venedig, erzwungen von Napoleon im Frieden von Campoformido 1797, wurde Grado Teil der österreichisch-ungarischen Monarchie – abgesehen von einem weiteren kurzen napoleonischen Zwischenspiel.

Es dauerte aber bis zum 19. Jahrhundert, dass Grado wiederentdeckt wurde, allerdings in ganz anderer Art. Schon 1850 gab es am Strand die ersten Umkleidekabinen, Grado wurde Teil der „österreichischen Riviera". 1873 diagnostizierte der Florentiner Kinderarzt Giuseppe Barellai, dass Luft, Sand und Meer in dieser Lagune besonders heilkräftige Wirkungen hätten. Und so währte es nicht lang, bis Hotels, Parks und Restaurants entstanden.

Die Strand-Eingangstür für Kaiser Franz Josef I.

1892 begründete per Dekret Kaiser Franz Josef I. die Stazione di Cura e Bagni, die Kur- und Badeanstalt. Eine schmiedeeiserne „**Kaisertür**" im Zaun zum Strand trägt die Initialen FJ und soll des Kaisers privater Zugang zum Meer gewesen sein. Zumindest symbolisiert sie einen Besuch des Kaisers. Die Tür lässt sich auch heute noch finden, wenn man – wie, so heißt es, einst auch der Kaiser – vom Hotel Villa Erica vorbei an den Ville Bianchi zum Strand geht.

Ein Werbeplakat für Grado aus dem Jahr 1906 ist berühmt geworden: Zwei weiß gekleidete Frauen im Vordergrund, hinten Strandleben und das Meer. Der Inbegriff des Sommergefühls. **Josef Maria Auchentaller** hatte das Plakat gestaltet, ein bekannter Künstler der Wiener Secession. Er wurde allerdings nie ein Star wie Gustav Klimt, Kolo Moser oder Josef Hoffmann. Denn 1903 übersiedelte er mit seiner Frau von Wien nach Grado.

Emma Auchentaller eröffnete 1904 die **Pension Fortino**, auf dem Platz der ehemaligen napoleonischen Bastion, ganz im Süden der Altstadt am Meer. Grado war ja in römischer Zeit ein „fortino", ein „castrum", also eine kleine Festung, gebaut als Zufluchtsort bei Angriffen. Groß wurde der Anteil der Pension Fortino am touristischen Aufschwung Grados nach der Jahrhundertwende. Einige Künstlerkollegen Auchentallers wie zum Beispiel Otto Wagner waren hier ebenso zu Gast wie viele Erholungssuchende des Wiener Bürgertums.

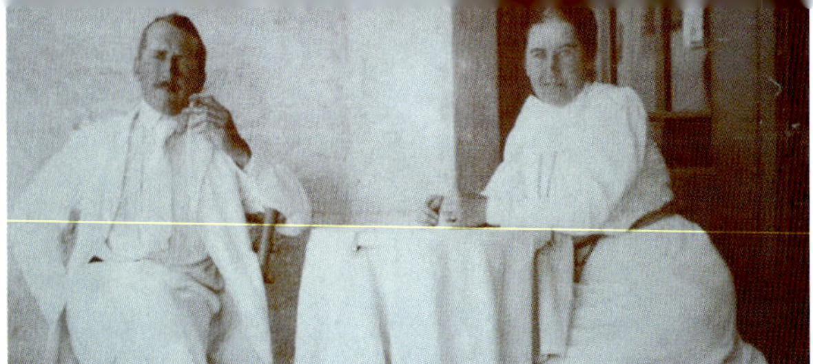

Josef Maria Auchentaller und seine Frau Emma ...

... gründeten 1904 in Grado die Pension Fortino.

Während seine Frau die Pension zu großer Beliebtheit führte, widmete sich Auchentaller seiner künstlerischen Arbeit. In Wien geriet er, der vor der Übersiedlung nach Grado als Mitglied der Sezession enorme Erfolge gefeiert hatte, immer mehr in Vergessenheit. Doch wegen seiner verwandtschaftlichen Beziehungen zu den Familien Thonet und Scheid – Georg Adam Scheid, Eigentümer einer florierenden Schmuckfabrik, war sein Schwiegervater – entwarf er zahlreiche Arbeiten für deren Firmen. Vielfältige kreative Entwürfe hat Josef Maria Auchentaller für Broschen, Anhänger, Schmuck- und Pillendosen etc. geliefert, viele wunderschön ausgeführte Schmuckobjekte sind so entstanden.

Als Maler interessierten Auchentaller in seiner Lebensphase in Grado vor allem Portraits und Landschaften. Die Lagune, die Kirchen, die Häuser der Stadt hielt er ebenso fest wie er seine Frau und seine Kinder portraitierte. Seine Plakatentwürfe atmeten weiter den Geist des Jugendstils, nicht nur das berühmte Grado-Plakat, auch die Designs für verschiedenste Produkte des täglichen Gebrauchs.

Das Denkmal für Biagio Marin im Park nahe der Kuranstalt

Im Ersten Weltkrieg beschlagnahmten die italienischen Behörden das Fortino, doch 1919 bekamen es die Auchentallers zurück. 1942 wurde die Pension geschlossen. Während des Zweiten Weltkriegs errichteten die Engländer auf dem Dach des Gebäudes eine Radarstation, bei ihrem Rückzug sprengten sie den obersten Stock. Emma Auchentaller starb 1945, Josef Maria Auchentaller im Jahr 1949. Heute finden sich in dem wiederhergestellten Gebäude gefragte Privatwohnungen.

Den zentralen Platz mit den römischen Ausgrabungen auf der vom Meer abgewandten Seite des Fortino hat die Gemeinde nach ihrer bedeutendsten Dichterpersönlichkeit benannt: **Biagio Marin** (1891–1985) schrieb Zeit seines Lebens Gedichte in jenem Gradeser Dialekt, der sich auf ganz spezielle Art den Einfluss des Venezianischen erhalten hat (Grado gehörte ja von 1420 bis 1797 zu Venedig).

Marin schrieb vom Wind, vom Meer, von der Lagune, den Sternen und machte – so analysierte der Triestiner Schriftsteller Claudio Magris – aus der literarischen Landschaft Grado

Die stimmungsvolle Altstadt von Grado

einen poetischen Mythos. „Biagio Marins Dichtung hat keine Innenflächen: sie ist ganz dem Licht zugewandt", schrieb Pier Paolo Pasolini in einem Aufsatz über Marin und meinte wohl damit das Licht, das die Lagune von Grado zu jeder Jahreszeit in unglaubliche Stimmungen taucht. Und Marin sagte über sich selbst: „Ich sollte nur die Stimme meiner Insel, die Stimme Grados sein, und sonst nichts."

Marins dichterische Welt mag nicht jedermanns Geschmack sein, seine Sprache mag antiquiert erscheinen, doch manch leuchtende Abendstimmung am Meer findet jedenfalls ihre Entsprechung in seinen poetischen Zeilen.

Ab 1968 lebte Marin zurückgezogen in seinem Haus nahe dem Strand in Grado, publizierte trotz großer Sehprobleme weiter seine Gedichte und wurde in den 1970er Jahren in ganz Italien bekannt, nicht zuletzt, weil sich Pier Paolo Pasolini und Claudio Magris mit seinem Werk beschäftigten. Viele Auszeichnungen und Ehrentitel wurden Marin schon zu Lebzeiten verliehen. 1981 war er sogar für den Nobelpreis für Literatur nominiert, bekommen hat er ihn allerdings nicht.

Grado hat dem Dichter im **Parco delle Rose** nahe der Kur- und Badeanstalt ein Denkmal errichtet. Der Platz ist wohl nicht zufällig gewählt: Biagio Marin war ab 1923 vierzehn Jahre lang Direktor der Kuranstalt.

Das Farbenspiel in der Lagune fasziniert zu jeder Jahreszeit.

**Paese mio** von Biagio Marin

Paese mio,
picolo nío e covo de corcali,
pusào lisiero sora un dosso biondo,
per tu de canti ne faravo un mondo
e mai no finiravo de cantâli.

Per tu 'sti canti a siò che i te 'ncorona
comò un svolo de nuòli matutini
e un solo su la fossa de gno nona
duta coverta d'alti rosmarini.

**Mein Land** von Biagio Marin

Mein Land,
kleines Nest und Versteck der Möwen,
leicht hingelegt auf eine helle Kuppe,
für dich machte ich aus Liedern eine Welt
und würde nie aufhören sie zu singen.
Für dich diese Lieder,
denn sie mögen dich krönen
wie der Flug der morgendlichen Wolken.
Und nur eines für den Graben bei der Großmutter,
der ganz bedeckt ist mit hohem Rosmarin.

Zitiert aus: Biagio Marin: Cansone picole, Udine 1927 (aus dem Italienischen: G. Hopfmüller)

Vom Marin-Denkmal in Richtung Nordwesten liegt die **Isola Le Cove** mit dem **Friedhof von Grado**. Hier ist Biagio Marin begraben, ebenso seine Frau Pina. Vom Haupteingang gerade nach hinten und etwas nach rechts steht sein einfacher, grauer Grabstein, davor ein aufgeschlagenes Buch in Metall gegossen. Weiter vorne auf der anderen Friedhofsseite sind übrigens auch Josef Maria Auchentaller und seine Emma in einem einfachen Grab bestattet.

Zurückgekehrt auf die Piazza Biagio Marin bietet es sich an, noch einmal in die frühchristlich-römische Zeit einzutauchen und das Augenmerk auf die antiken Reste der **Basilika della Corte** zu richten, die auf der Piazza ausgegraben wurden. Die Ruhe und Kühle in der schon genannten **Basilika Sant'Eufemia** mit dem achteckigen **Baptisterium** nur ein paar Schritte entfernt ist immer ein Genuss. Weiter am **Lapidarium** vorbei spaziert es sich zur **Basilika Santa Maria delle Grazie**, wo der Mosaikboden eines Vorgängerbaus aus dem 5. Jahrhundert eine feine Ergänzung dazu darstellt, was sich in Aquileia entdecken ließ.

## TIPP

Immer am ersten Juli-Wochenende wird in Grado gefeiert. „In nome de Dio avanti / „In Gottes Namen, los geht's!" Mit diesem Ruf startet der **Perdon di Barbana**, die berühmte Schiffsprozession, die von Grado auf die Laguneninsel Barbana und zum dortigen Santuario, einem Marienheiligtum führt. Der Perdon, der Bußgang, wird zu Ehren der Madonna abgehalten, weil sie im Jahre 1237 Grado und Umgebung vor der Pest gerettet haben soll.

Die schönsten Sonnenuntergänge lassen sich auf der Terrasse des **Hotel Ristorante Marea** (Via dei Provveditori 6) direkt an der Diga, also der Promenade, genießen. www.hotelmarea.it

## INFO

**Tourismus Infopoint Grado**, Viale Dante Alighieri 66, 34073 Grado (GO), Tel.: 39 0432 877111, E-Mail: info.grado@promoturismo.fvg.it, www.turismofvg.it/Ort/Grado

# WELLNESS MIT GENUSS

## IM HOTEL WARMBADERHOF*****

UND DER BEGINN EINER TRAUMHAFTEN LIAISON MIT DEM SO NAHEN FRIAUL.

Ein 5-Sterne-Traditionshaus an einem der schönsten Orte Kärntens, das ein Versprechen in seinem Namen trägt. MEDICAL SPA, pflegende Beautyprogramme und feinste Kulinarik aus der Zwei-Hauben-Küche bilden in Kombination mit der unvergleichlichen Atmosphäre des Warmbaderhofs eine exzellente Basis für einen erholsamen Urlaub im südlichsten Thermenresort Österreichs.

**TIPP**: Zwischen Alpen und Adria die Vielfältigkeit und den Charme Friauls kennenlernen. Bis zur italienischen Grenze sind es nur 15 Autominuten. Gerne sind wir Ihnen bei der Ausflugsplanung behilflich.

### WELLNESS **MOMENTE**

- 3, 5 od. 7 Nächte inkl. Gourmet-Halbpension
- 3-faches Thermenerlebnis (Bademantelgang): hoteleigener Wellnessbereich, Thermal Urquellbecken, KärntenTherme
- 1 Ganzkörpermassage nach Breuss
- 1 VIBE Gesichtsbehandlung für SIE & IHN
- Plus alle 5* Inklusivleistungen

ab **435,00 EUR** p.P.
im DZ Klassik (3 Nächte)

HOTEL WARMBADERHOF*****
IM THERMENRESORT WARMBAD-VILLACH

Kadischenallee 22-24, 9504 Warmbad-Villach,
Kärnten, Österreich, T: +43 (0)4242 3001-10,
reservierung@warmbad.at, www.warmbaderhof.com

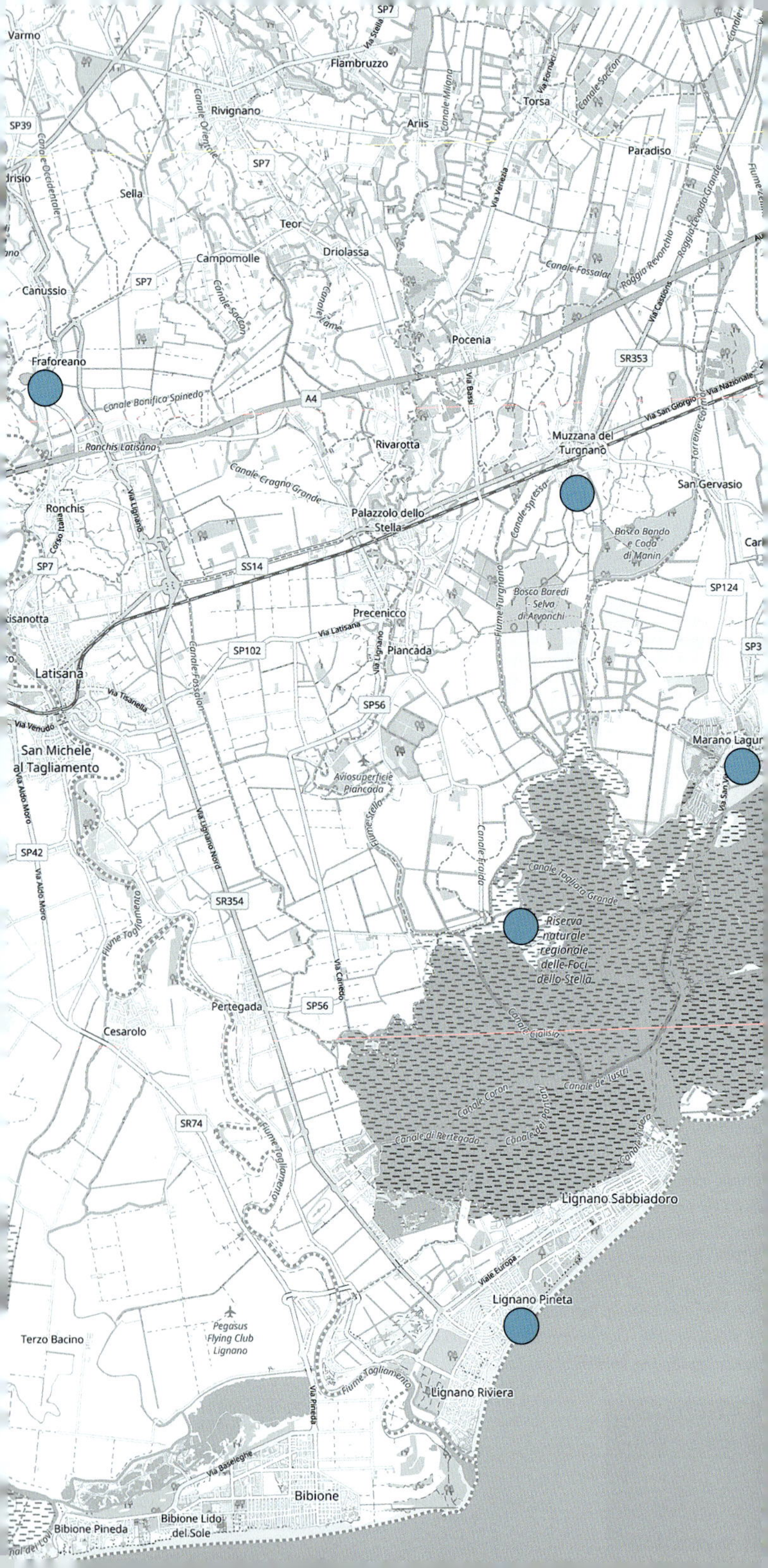

Varmo
Flambruzzo
Torsa
Rivignano
Ariis
Paradiso
Sella
Teor
Driolassa
Campomolle
Canussio
Pocenia
Fraforeano
Rivarotta
Muzzana del Turgnano
San Gervasio
Ronchis
Palazzolo dello Stella
Bosco Bando e Coda di Manin
Bosco Baredi - Selva di Arvonchi
Precenicco
Piancada
Latisana
San Michele al Tagliamento
Aviosuperficie Piancada
Marano Lagun
Riserva naturale regionale delle Foci dello Stella
Pertegada
Cesarolo
Lignano Sabbiadoro
Lignano Pineta
Pegasus Flying Club Lignano
Terzo Bacino
Lignano Riviera
Bibione
Bibione Pineda
Bibione Lido del Sole
A4
SP7
SP39
SR353
SS14
SP124
SP3
SP102
SP56
SP42
SR354
SR74
Canale Bonifica Spinedo
Canale Cragno Grande
Canale Tagliata Grande
Canale Cialisia
Canale Coron
Canale di Pertegada
Canale dei Lustri
Fiume Tagliamento
Fiume Stella
Fiume Turgnano
Via Lignano Nord
Viale Europa
Via Pineda
Via Baseleghe

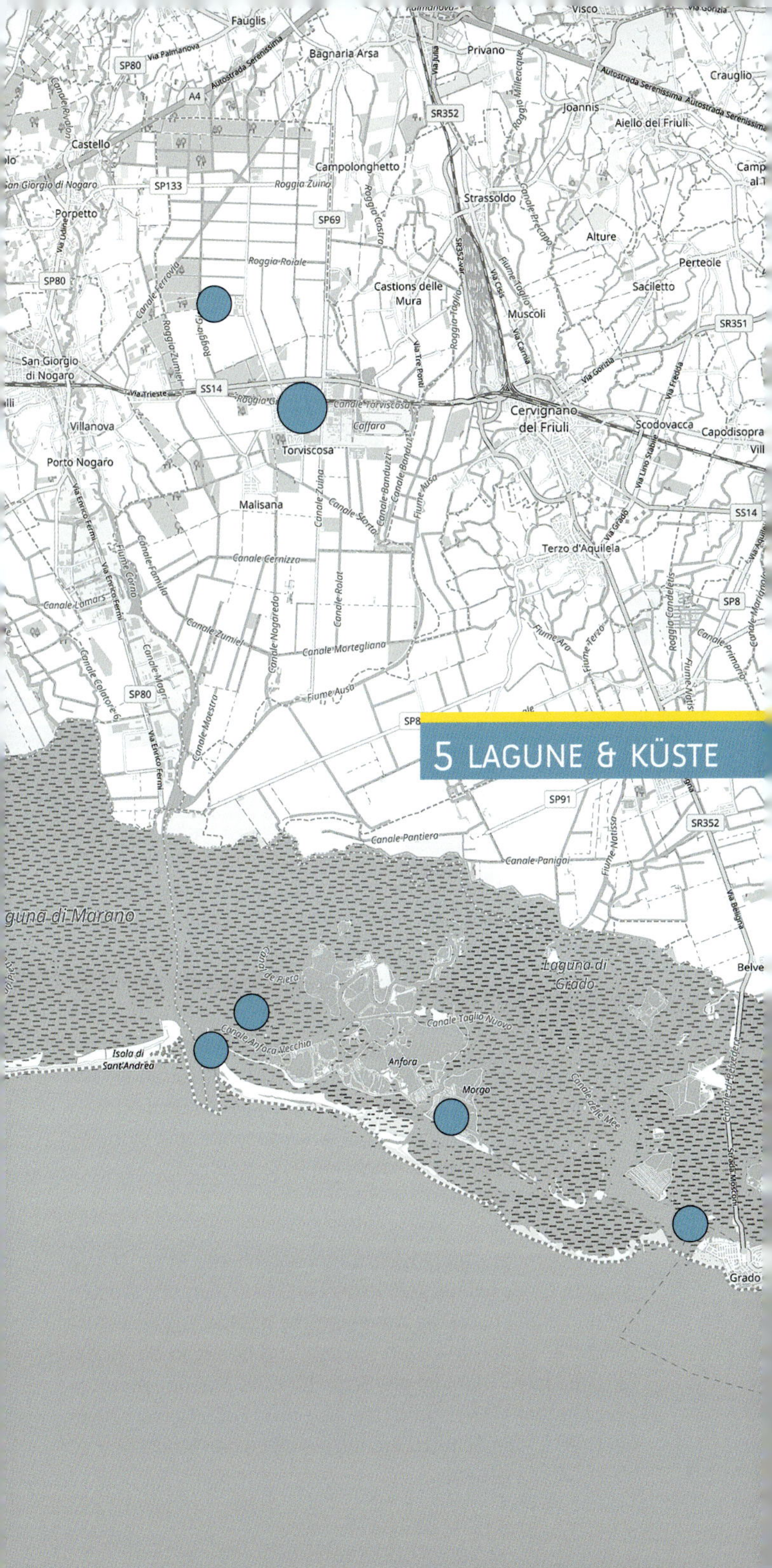


# 5 LAGUNE & KÜSTE

# 5 In der Lagune und die Küste entlang

Sie hat eine ganz eigene Magie, die Lagune, die sich von Grado bis Marano Lagunare ausbreitet! Das Wasser, das in vielen Tönungen schimmert, die kleinen Inseln mit den „casoni" genannten ehemaligen Fischerhütten, die auffliegenden Möwen, Reiher und Enten, die Fische, die sich an flachen Stellen Nahrung suchen, die Stille, die sich ausbreitet, wenn kein Bootsmotor zu hören ist – all das verbindet sich zu einer faszinierenden Mischung. Ein eigenes Boot oder ein gemietetes, ein Wassertaxi, ein Ausflugsschiff oder einheimische Freunde mit Boot – das sind Voraussetzungen zum Erkunden der Lagune.

**Grado** ist der Startpunkt. Die Sonne strahlt, das Meer ist spiegelglatt, als es hinaus geht in die Lagune in Richtung Westen. Auf den Pfählen, die die Wasserstraße markieren (sie werden „briccole" genannt) sitzen Möwen und beäugen die Boote. Ein dreifacher Pfahl ist die Basis für eine **Madonnenstatue**. „Ave Madonnina del mare" steht zu ihren Füßen geschrieben, ein Gruß an die Schutzpatronin, sie möge den Menschen am Meer Schutz geben.

Bei der Isola Ravaiarina geht es in die Lagune hinein, vorbei an langgezogenen Sandbänken, den „barene". Ein Inselchen reiht sich an das andere, bewachsen sind sie mit Gräsern und Sträuchern, manche auch mit Bäumen wie Tamarisken und Pinien. „Mote" nennen die Gradeser diese kleinen Inseln. Auf vielen stehen Casoni, die einst alle mit Schilfstroh gedeckt waren.

Mit dem Motorboot etwa dreißig Minuten von Grado entfernt liegt **Morgo**. Emma Auchentaller, die Gattin des Künstlers Josef Maria Auchentaller, hatte die etwa hundert Hektar große Insel 1905 gekauft. Dort wurde der Peterhof gebaut und Landwirtschaft betrieben, hauptsächlich zur Versorgung der Auchentallerschen Pension Fortino in Grado. Der Peterhof ist heute eine Ruine.

Eine der Inseln im Westen nahe Porto Buso, genauer gesagt im Fondao della Silisa, in der Lagune der Schwalben, war ein beliebter Aufenthaltsort von **Pier Paolo Pasolini**. Die Insel heißt **Mota Safon**, weil ein Sifone, ein artesischer Brunnen, hier trinkbares Süßwasser fließen lässt.

Kanäle durchziehen die Lagune mit ihren etwa 100 Inseln.

Es war der Maler Giuseppe Zigaina, der Pasolini 1949 die Lagune von Grado nahegebracht hatte. Von der Einfachheit und Faszination der Lagunenlandschaft mit ihren Sandzungen, dem Schilf, den zum Trocknen aufgehängten Fischernetzen beeindruckt hat Pasolini dann auf Mota Safon und bei der nahen Mündung des Flusses Aussa 1969 einige Szenen seines Filmes „Medea“ mit Maria Callas gedreht. Giuseppe Zigaina war dabei und schrieb darüber: „Die Bauten für die Außenaufnahmen waren schnell errichtet, und Anfang Juli kam Medea (Anm.: Maria Callas). Sie war genauso, wie er (Anm.: Pasolini) sie mir beschrieben hatte. Einfach und freundlich. In gewisser Hinsicht besaß sie auch einen untrüglichen Instinkt, der ihr etwas – wie soll ich sagen – Urwüchsiges verlieh. Mit einem Wort, sie war eine echte Frau. Und außerdem war sie schön … Sie war hochmütig, aber seine sanfte Art entwaffnete sie.“ (Zitiert aus dem Kapitel „Medea“ in: Giuseppe Zigaina: In die Lagune. Aus dem Italienischen von Karin Fleischanderl, Folio Verlag, Wien/Bozen 2006)

Pasolinis Casone auf Mota Safon ist heute ein kleines **Museum**. Die Associazione Graisani de Palù a Mota Safon, die Gradeser Gesellschaft der Lagune von Mota Safon, möchte auf den fünfzig Quadratmetern der Hütte mit diversen Ausstellungsstücken Pasolini und die Lagunenfischerei von einst lebendig machen.

Der Banco d'Orio, ein Sandstreifen zwischen Lagune und Meer

Die Insel **Anfora** liegt fast an der Grenze zwischen dem Gradeser Teil der Lagune und dem von Marano Lagunare. Hier betreibt die Familie Tognon die **Trattoria Ai Ciodi**. Sie ist im Sommer ein beliebter Zielpunkt für alle, die gerne guten Fisch essen, den „suaso", eine Art „rombo", also Steinbutt, zum Beispiel. Mauro Tognon, ein sehr geselliger Mann, zeigt drinnen im Haus auf ein riesiges Foto von Kaiser Franz Josef vor einem erlegten Hirsch. Nein, natürlich nicht aus der Lagune, hier gibt es ausschließlich Wildenten zu jagen. Aber die Monarchie ist eben überall präsent. Auf ein anderes Foto, das ihn mit der Schauspielerin Erika Pluhar zeigt, ist Mauro besonders stolz. Denn Teile des Filmes „Laguna" sind 2012 hier bei ihm auf Anfora gedreht worden.

### INFO

**Associazione Graisani de Palù**, Calle Merlato 1, 34073 Grado (GO), E-Mail: graisanidepalu.grado@gmail.com, www.graisanidepalu.org

**Trattoria Ai Ciodi**, Via 8, 65464 Isola Anfora (VE), Tel.: +39 335 752 2209, E-Mail: anfora.aiciodi@alice.it, www.portobusoaiciodi.it, **Bootsshuttles ab Grado**: Motonave Cristina, Tel.: +39 335 5302378, Mirko Taxi Boat, Tel.: +39 345 468 6207, Laguna Taxi Service Grado, Tel.: +39 339 5329 064; ab Marano Lagunare: Lady E, Tel. +39 338 037 160

Von Anfora kann man über einen Damm hinüber zur Nachbarinsel **Porto Buso** spazieren. Hier steht noch die überwu-

Die Madonnina del Mare soll Menschen am Meer Schutz geben.

Auf Mota Safon drehte Pasolini Szenen seines „Medea"-Films ...

... mit Maria Callas als Medea.

Viele Laguneninseln sind in Privatbesitz.

Auf der Insel Anfora führt Mauro Tognon die Trattoria Ai Ciodi.

cherte Ruine einer Kaserne der Guardia di Finanza, also der Finanzpolizei. Die überwachte den Kanal vor Porto Buso, der von der Lagune hinaus ins Meer führt. Die Nachmittagssonne schenkt dem Wasser und den Inselufern intensive Farben, dem malerischen Schwemmholz genauso wie den lila Blüten des Strandflieders (Limonium), „fiuri de ta'po" genannt. Bei der Rückfahrt nach Grado schweift der Blick hinüber auf das Festland, da schimmern in der Ferne die Fabrikanlagen von Torviscosa.

Diesen Ort muss man aus der Nähe gesehen haben. Von Cervignano führt die Strada Statale 14 in Richtung Westen genau dorthin. Diese Straße entspricht ungefähr der römischen Via Annia, die im 2. Jahrhundert vor Christus parallel zur Küste von Aquileia in Richtung Padua verlief.

**Torviscosa** ist eine „metaphysische Stadt" genannt worden, in Anlehnung an die kulissenartig strengen Stadtlandschaften in den Bildern des Malers Giorgio De Chirico, der ab 1910 bis in die 1920er Jahre diese „pittura metafisica", die metaphysische Malerei, entwickelt hatte. Torviscosa ist eine am Reißbrett geplante Stadt, ein Produkt faschistischer Industriearchitektur.

Blick auf das Fabrikgelände von Torviscosa

Theater und Mensa der Arbeiterstadt

Wo zuvor das ganz normale Dorf Torre di Zuino stand, kaufte 1937 eine Gesellschaft namens SNIA (Società Nazionale Industria Applicazioni) etwa 6.000 Hektar Land mit dem Ziel, eine Zelluloseproduktion aufzuziehen. SNIA hatte – im Zuge der umfassenden faschistischen Autarkiebestrebungen – mit Mussolini die Vereinbarung getroffen, die staatliche Produktion von Zellulose, und auf dieser Basis die Erzeugung der Kunstfaser Viskose, zu garantieren, zur Vermeidung der Importabhängigkeit. Also wurden die Sümpfe trockengelegt beziehungsweise durch das Anlegen von Kanalnetzen für den Anbau von schnellwachsendem Riesenschilf, auch Pfahlrohr (Arundo donax) genannt, urbar gemacht.

Nachdem die Anbauflächen erworben und vorbereitet waren, begann SNIA auch mit dem Bau einer Fabrik. Daneben wurden Gebäude für die Beschäftigten errichtet: Wohnhäuser, säuberlich getrennt für Arbeiter, Angestellte, Techniker und Direktoren, Freizeiteinrichtungen wie Theater, Mensa, Schwimmbad und Sportplatz – alles geplant vom Architekten Giuseppe De Min. Am 21. September 1938 wurde im Beisein Mussolinis ein erster Teil des Betriebes und des Ortes eingeweiht.

Der Bau der Zellulosefabrik Torviscosa begann 1937.

Vor dem Direktionsgebäude stehen Skulpturen von Leone Lodi.

1940 wurde aus dem Dorf Torre di Zuino endgültig die Gemeinde Torviscosa (der Name zusammengefügt aus dem alten Namen Torre und der Faser Viskose).

Die **Architektur der 30er Jahre** ist zu großen Teilen erhalten: Das Fabrikgelände mit den zwei riesigen Silo-Türmen „torri littorie", dem faschistischen Symbol der „fasci littori", der Rutenbündel, nachempfunden; die Verwaltungsbauten, davor die für diese Zeit so typischen Skulpturen des Bildhauers Leone Lodi, die bäuerliche und die industrielle Arbeit darstellend; das Theater und das Ristoro (Mensa), die die Piazza Franco Marinotti auf der einen Seite einfassen (benannt nach dem Begründer des Werks und Präsidenten der SNIA) – alles mit einheitlich roten Backsteinfassaden.

Gegenüber steht ein 1962 errichtetes Gebäude, das ursprünglich zum Empfang von Gästen des Betriebes verwendet wurde, heute aber das **Centro Informazione Documentazione** beherbergt, wo die Geschichte Torviscosas dokumentiert und in Ausstellungen gezeigt wird. Der Turm daneben diente als Aussichtsplattform, ist aber jetzt nicht mehr begehbar. Von

Das Informationszentrum CID mit dem Aussichtsturm

Entwurf für den Rathausplatz für Torviscosa

dieser Piazza nicht weit entfernt stehen Häuser für Arbeiter, die besseren „colombaie“, Taubenhäuser, und die einfacheren „case gialle“, gelbe Häuser, genannt.

Ein Stückchen weiter westlich öffnet sich die **Piazza del Popolo mit dem Rathaus**, 1940 von De Min entworfen, mit seinem Turm stilistisch ganz nahe an De Chiricos metaphysischen Städtebildern. Daneben Gebäude mit Säulengängen samt Geschäften, darüber die Angestellten-Wohnungen. Nahe dem Sportareal stehen die Villen der Direktoren. Die Viskosefabrik der SNIA ist längst geschlossen, Teile des Fabrikgeländes werden inzwischen von verschiedenen Firmen genutzt.

Wer heute durch den Ort spaziert, erlebt, dass die Mensa nach wie vor als Mensa für Arbeiter genutzt wird, die Bar daneben einen Bereich mit Mobiliar aus der Blütezeit der Fabrikstadt hat, dass das ehemalige Theater einen Supermarkt beherbergt und die Siedlungsbereiche eine durchaus gepflegte Atmosphäre vermitteln.

Siedlungshäuser für die Arbeiter

Der Grabstein des Kämpfers gegen den Faschismus Primo de Pol

Mittendrin steht die **Kirche Santa Maria Assunta**, eines der letzten Gebäude, die aus dem alten Ort Torre di Zuino erhalten sind. Neben der Kirche ein leicht zu übersehender Grabstein mit der Aufschrift: „Am 15. 10. 1944 wurde die blühende Jugend des Patrioten **Villa De Pol Primo** im Alter von 24 Jahren vom Hass der Nazifaschisten ausgelöscht.“ Der junge Partisan Villa De Pol war einer derjenigen, die im Zuge der Liberazione, des Freiheitskampfes gegen den Faschismus, ihr Leben ließen. Nach ihm ist auch der Viale Villa, eine der Hauptachsen von Torviscosa, benannt, der vom Piazzale Marinotti (wo Teatro und Mensa stehen) zum Sportstadion führt.

Gegenüber der Kirche wurde ein Park nach dem Carabinieri-Chef von Torviscosa **Guglielmo Costanzo** benannt. Dieser hatte sich 1943 nach dem Sturz Mussolinis um die Flucht eines Großteils der Häftlinge aus dem zu Torviscosa gehörenden Arbeitslager des Villaggio Roma bemüht und sich 1944 den Partisanen angeschlossen. Er wurde verraten und von den Nazis nach Mauthausen gebracht, wo er im März 1945 umkam.

Die Kirche des Villaggio Roma, Arbeitslager für Kriegsgefangene

Das **Villaggio Roma** liegt etwas nördlich von Torviscosa. Nur noch eine kleine Kirche ist aus jener Zeit erhalten, als hier das erste Arbeitslager für Kriegsgefangene in Italien eingerichtet war. In dem 1942 von SNIA errichteten Lager waren etwa 1.000 britische Soldaten aus Neuseeland und Südafrika interniert, die von den Italienern während des Afrikafeldzuges in El Alamein gefangen genommen worden waren. Sie mussten bis 1943 auf den Pfahlrohr-Feldern für die Viskose-Erzeugung arbeiten.

## INFO

**CID Centro Informazione Documentazione**, Via Resi Marinotti 1, 33050 Torviscosa, Tel.: +39 0431 929589, E-Mail: cultura@com-torviscosa.regione.fvg.it, www.cid-torviscosa.it

Architekturgeschichte in Form der faschistisch geplanten Industriestadt und daneben antifaschistisches Gedenken – Torviscosa ist ein umfassendes historisches Dokument.

Die Strada Statale 14 führt weiter parallel zur Küste vorbei an San Giorgio di Nogaro, bis es im Ort Zellina nach Marano Lagunare abzubiegen gilt.

Die Entstehung von **Marano Lagunare** ist verbunden mit dem 181 vor Christus gegründeten Aquileia. Der Patriarch Popone ließ die Stadt im 11. Jahrhundert zur Festung ausbauen. Von etwa 1420 an war sie unter venezianischem Einfluss, 1542 wurde sie endgültig Teil der Republik Venedig. Im 16. und 17. Jahrhundert war Marano dann neben Venzone und Monfalcone die dritte wichtige Festung, die die Sicherheit der Serenissima garantieren sollte, auch gegen die Türken.

Die Via Sinodo in Marano Lagunare

Die Brücke von der Altstadt zur neuen Fischhalle

„Se Venessia no la fussi, Maran saria Venessia." / „Wenn es Venedig nicht gäbe, Marano wäre Venedig." So lautet ein von den Maranesen gerne zitierter Satz. Denn nicht nur der maranesische Dialekt hat sich viel Venezianisches erhalten, die malerische Altstadt ist auch davon geprägt. Der **Torre millenaria**, der tausendjährige Turm, dominiert den „granda" genannten Hauptplatz, daneben die **Loggia maranese**, gegenüber der **Palazzo dei Provveditori**, der Palast der venezianischen Statthalter. Auch die Brunnen und die Gässchen sind lauter Zeugen des für Marano „goldenen venezianischen Zeitalters".

Marano ist das wichtigste Fischereizentrum Friauls.

Im **Museo della Laguna** finden sich Zeugnisse erster Besiedlung der Gegend aus der Jungsteinzeit. Schon im 4. und 5. Jahrhundert wurde Keramik aus Brennöfen in der Gegend bis an die Donau transportiert. Ein mittelalterliches Schwert ist von Fischern in einem Netz aus dem Schlamm der Lagune gezogen worden.

## INFO

**Museo Archeologico della Laguna**, Centro Civico (Eingang Piazza Risanamento), Via Sinodo 28, 33050 Marano Lagunare (UD), Tel.: +39 0431 67049, E-Mail: museolaguna@comune.maranolagunare.ud.it, www.comune.maranolagunare.ud.it

Marano Lagunare hat sich zwar durch den aufstrebenden Tourismus sehr gut entwickelt, aber selbst zur Hochsaison ist es nicht so überlaufen wie manch anderer Küstenort. Der Hafen mit den Fischerbooten und Schiffen ist eindrucksvoll. Marano ist das wichtigste **Fischereizentrum Friauls** und die neue Fischhalle eine der größten an der ganzen oberen Adria. Die Fischerei am Meer und in der Lagune sowie die Fischzucht in Aquakulturen sind es, die dem Ort das wirtschaftliche Leben geben. Wobei es den Maranesen wichtig ist, dass die Tiere nach natürlichen, traditionellen Methoden gefüttert und gezüchtet werden, anders als in der Intensivzucht. So ist qualitätsvoller Fisch gewährleistet. Testen kann man das in einer Fülle von guten Restaurants im Ort.

Die Lagune von Marano mit der Mündung des Flusses Stella

Der Naturpark an der Mündung des Flusses Stella, **Riserva Naturale Regionale Foci dello Stella**, lässt sich nur per Boot erkunden. Auch hier stehen die mit Schilf gedeckten Casoni idyllisch zwischen Gebüsch und Bäumen. Birdwatching ist ein Erlebnis. Schwäne ziehen lautlos ihre Spuren im Wasser, ohne sich von den hektischen Haubentauchern stören zu lassen.

### TIPP

Marano ist berühmt für seine religiösen Feste mit den Prozessionen und Bootsprozessionen: Am 15. Juni findet die **Festa di San Vito** des Heiligen Veit (Stadtpatron von Marano) statt, alle drei Jahre von 13. bis 15. August die große Festa **Triennale della Vergine**, immer am zweiten Sonntag im September die **Madonnina del Mare** und am 8. Dezember die **Festa dell'Immacolata**.

### INFOS

**Comune Marano Lagunare**, Piazza Olivotto 1, 33050 Marano Lagunare (UD), Tel.: +39 0431 67005, www.comune.maranolagunare.ud.it, https://maranolagunare.virgilio.it/eventi

**Grado Infopoint**, Viale Dante Alighieri 66, 34073 Grado (GO), Tel.: +390431 8771111, E-Mail: info.grado@promoturismo.fvg.it

**Lignano Infopoint**, Via Latisana 42, 33054 Lignano Sabbiadoro (UD), Tel.: +39 0431 71821, E-Mail: info.lignano@promoturismo.fvg.it

Der Fluss Stella, der nur wenige Kilometer landeinwärts aus Quellen, den Risorgive, entspringt, bringt große Mengen von Süßwasser in diesen Lagunenteil, ein spezielles Phänomen. In einem Mündungsarm der Stella wird mit einem riesigen Senknetz gefischt, ein „bilancione" genanntes Fischernetz, das abgesenkt und dann wieder aus dem Wasser gehoben wird, ein System des Fischens mit langer Tradition.

**TIPP**

Für **Bootsausflüge in das Stella-Mündungsgebiet** kann man sich ein Boot samt Bootsführer sowohl in Lignano als auch in Marano Lagunare mieten, von beiden Orten starten auch Ausflugsschiffe dorthin. www.motorshipcristina.it, www.saturnodageremia.it, www.battellosantamaria.it,

Von Marano führt die Straße über Carlino wieder zur Strada Statale 14 und diese nach **Muzzana del Turgnano**. Ein kleiner Ort, eingesäumt von Feldern. Eine Bar lockt. Doch der Cappuccino erweist sich als weniger interessant als ein Gespräch zweier Einheimischer. Sie unterhalten sich über Trüffel, die sie im Herbst finden. Hier? „Hier! Im Urwald von Muzzana", lautet die Erklärung, „gleich hier die Via Levada hinunter und die Strada Provinciale 121 Richtung Süden, der Asphalt hört bald auf, weiter den Kanal Cormor entlang."

Eine Erkundung ist angesagt: Nach ein paar Kilometern wird das Auto staubiger, aber das Grün dichter, plötzlich zwei Waldflächen. Kaum zu erwarten so nah am Meer. Es sind Reste der Silva lupanica, einer Waldfläche, die sich in der Antike über die ganze friulanische Ebene erstreckte, vom Fluss Livenza im Westen bis zum Isonzo im Osten.

**TIPP**

Die Vereinigung Muzzana Amatori Tartufi pflegt das Wissen um den kostbaren Pilz und veranstaltet immer im November eine **Trüffelmesse, Trìfule in Fieste**, in deren Rahmen auch der zugehörigen Kulinarik ordentlich gehuldigt wird. Das gehört sich eben für das einzige Trüffelgebiet Italiens, das nur vier Kilometer vom Meer entfernt liegt.

**Muzzana Amatori Tartufi**, 33055 Muzzana del Turgnano (UD), Via San Giorgio 52, www.muzzanamatoritartufi.it

Bei Muzzana del Turgnano liegt der „Trüffelwald“ Bosco Baredi.

Davon ist, vor allem wegen der Abholzungen des 19. Jahrhunderts, wenig übriggeblieben, gerade einmal diese 300 Hektar Laubwald hier bei Muzzana. Der größere Teil mit 163 Hektar heißt **Bosco Baredi / Selva di Arvonchi** und ist öffentlich zugänglich. Der zweite, Coda di Manin genannt, ist in Privatbesitz. In beiden Wäldern wachsen Eichen, Hainbuchen, Ahorn, Eschen, Ulmen, Erlen, auch ein paar wilde Apfel- und Kirschbäume. Und es wachsen auch Trüffel. Nicht irgendeine Trüffelart, sondern die **Tuber magnatum pico, die weiße Trüffel,** die wertvollste aller Arten. Kein Wunder also, dass die Männer in der Bar so voller Stolz über ihre Funde erzählt haben. Nur die Bürger von Muzzana dürfen übrigens im Bosco Baredi Pilze und Trüffel suchen.

Ganz ans Meer geht es nun, nach **Lignano**. Nein, nicht zum Baden, diesmal gilt es den bekannten Urlaubsort abseits des Strandes zu erkunden.

Lignano war bis zum Anfang des 20. Jahrhunderts ein kleines Fischerdorf, die Halbinsel war fast vollständig von einem Pinienwald bewachsen. Dokumente berichten, dass 1813 lediglich siebzig Personen auf der Landzunge lebten, inklusive der dort stationierten Soldaten. Seit dem Bau einer kleinen Kaserne der Zollbehörde Guardia di Finanza am Ende des 19. Jahrhunderts kam über die Anlegestelle der Schiffe von und nach Marano mehr Leben in diesen östlichen Teil der Halbinsel.

Lignano ist im Frühjahr auch für Kite-Surfer attraktiv.

Auf Booten von Marano kamen am 11. April 1903 auch jene Vertreter örtlicher Behörden, die den Grundstein für die erste Badeanstalt von Lignano legten. Damals war der Ort überhaupt nur per Boot zu erreichen. Die Straßenverbindungen wurden mit dem Bau der ersten Hotels in Angriff genommen. Von den schönen Villen, die rund um 1910 errichtet wurden, stehen nur noch wenige.

Der Erste Weltkrieg brachte den Badetourismus zum Erliegen. Wirtschaftlich half dem Ort vorerst die Versorgung der italienischen Truppen. 1917 allerdings stießen die österreichischen Truppen auch nach Lignano vor, viel wurde zerstört. Ein markantes Beispiel der Kriegshandlungen fand sich viele Jahre später: 1962 wurde im Meer vor der Tagliamento-Mündung bei Lignano-Riviera das Wrack des U-Bootes S.M. U 20 geborgen. Dieses U-Boot der k.u.k.-Marine war 1916 in Pola vom Stapel gelaufen und wurde im Juli 1918 beim Aufladen der Akkumulatoren von einem italienischen U-Boot versenkt. Der Turm von U 20, der Anker und etliche Fotos von der Bergung sind übrigens im Heeresgeschichtlichen Museum in Wien ausgestellt.

In den 1920er Jahren hieß es: Neustart für den Tourismus. 1935 wurde Lignano zum Kurort erklärt. Doch der Zweite Weltkrieg brachte den nächsten Rückschlag. Im September 1943 begann die Besetzung durch die deutschen Truppen, vorwiegend österreichische Soldaten. Im Herbst 1944 landeten in Lignano weitere etwa 100 Soldaten der sich zurückziehenden Wehrmacht. Zwischen 27. und 28. April 1945 fand die größte

Die letzten Villen aus der Monarchie-Zeit

Landung der deutschen Armee statt: Etwa 14.000 Soldaten versuchten an Bord von dutzenden Schiffen und Booten sich der Küste zu nähern, in der Hoffnung, den Tagliamento hinauffahren zu können, um heimzukehren. Von Ancona aus starteten etwa fünfzig Flugzeuge der amerikanischen Luftwaffe und überflogen die deutschen Schiffe. Diese Machtdemonstration genügte, die Soldaten ergaben sich den Partisanen und den alliierten Truppen an der Küste.

Dem Aufschwung Lignanos mit seinen neun Kilometern goldenen Sandstrands, „sabbia d'oro", stand nichts mehr im Wege. Auf Luftaufnahmen aus den 1950er Jahren sind schon der Faro rosso, der rote Leuchtturm, und sein Steg zu sehen. 1959 wurde Lignano eigenständige Gemeinde, zuvor gehörte es zu Latisana. Die erste hölzerne Terrazza al mare stammte von 1923, sie prägte das Strandbild bis in die 1960er Jahre. Erst dann wurde sie nach einem Architekten-Wettbewerb durch den jetzigen Betonbau ersetzt.

In den 1950er Jahren entstand **Lignano Pineta**. 1953 wurde **Marcello D'Olivo** mit der Planung einer neuen „Gartenstadt" beauftragt. D'Olivo war 1921 in Udine geboren worden, hatte in Venedig Architektur studiert und zählt zu den wichtigsten Vertretern der italienischen Nachkriegsarchitektur. Er konzipierte für Lignano den Grundriss einer Spirale. Was sich nicht nur aus seiner Liebe zur Mathematik ableitete, sondern wohl auch mit seiner Bewunderung für den großen amerikanischen Meister der Modernen Architektur Frank Lloyd Wright zu tun hatte. Etwa zur selben Zeit entstand Wrights schneckenför-

Der Leuchtturm Faro rosso mit Blick in Richtung Porto Buso

miger Bau des Guggenheim-Museums in New York. „Organisches Bauen“ nannte Wright diesen Stil. D’Olivo suchte wie er den Gegensatz zwischen Architektur und Natur zu überwinden. So wurde aus Lignano Pineta ein städtebauliches Vorzeigeprojekt, das bald „chiocciola“, die Schnecke, genannt wurde. In der Mitte die Piazza Rosa dei Venti, der Platz der Windrose, rundum die Straßen heißen Arco, also Bogen, das Zentrum mit den Lokalen und Geschäften, ganz gerade in Richtung Meer aufgefädelt, wird Treno, der Zug, genannt.

Es war im April 1954, als Literatur-Nobelpreisträger **Ernest Hemingway** nach Lignano kam und den vielzitierten Satz sagte: „Lignano ist das Florida Italiens!“. Hemingway war mit der Unternehmerfamilie Kechler befreundet. Alberto Kechler fungierte als Präsident jener Gesellschaft Lignano Pineta Spa, die das Projekt der „Schnecke“ Gestalt annehmen ließ. Hemingway kam auf die Baustelle, ließ sich von Architekt D’Olivo das Projekt erklären und setzte seinen Namen auf einen Plan der Chiocciola. Das so markierte Grundstück wäre seines geworden, wenn er gewollt hätte, doch er kehrte nie nach Lignano zurück. Aber in der Nähe entstand der nach Hemingway benannte Park.

Hemingway hatte die adelige Unternehmerfamilie Kechler im Oktober 1948 in Cortina d’Ampezzo kennengelernt und sich in

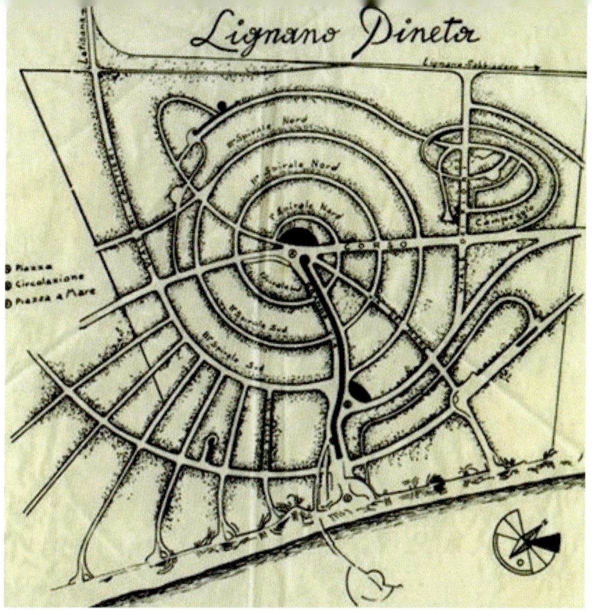


D'Olivos Entwurf für „die Schnecke" von Lignano Pineta

Die „Chiocciola" Anfang der 1960er Jahre

der Folge mit allen vier Brüdern Carlo, Federico, Alberto und Mario angefreundet. Das Ergebnis dieser Freundschaft waren immer wieder Einladungen nach Friaul, denen Hemingway drei Mal folgte (außer 1948 und 1954 noch 1950, jeweils im Anschluss an Venedig-Besuche), denn er liebte es, mit den Brüdern in den Lagunen auf die Jagd zu gehen.

Hemingway und Architekt D'Olivo 1954 auf der Baustelle von Pineta

Hemingway mit Alberto Kechler 1948

Hemingway auf Jagd in der Lagune

Hemingways Unterschrift auf einem Plan für die Chiocciola

Villa della Porta-Kechler-Dorigo in Percoto/Pavia di Udine

Villa Kechler in San Martino di Codroipo

## TIPPS

Fallweise ist der **Garten der Villa Kechler in Fraforeano** zugänglich, bei Gemeindefesten etwa oder manchmal am Tag der offenen Gärten (Giardini aperti) oder der offenen Villen (Ville aperte) oder nach Voranmeldung für Gruppen. Über die Ville aperti und Giardini aperti informiert www.turismofvg.it/Evento.

**Villa Kechler de Asarta**, Corso San Valentino 9, 33050 Fraforeano di Ronchis (UD), Tel.: +39 347 3214358, E-Mail: info@parcofraforeano.it, www.parcodifraforeano.it

Die Villa Kechler in Percoto (heute heißt sie Villa della Porta-Kechler-Dorigo) und jene in San Martino di Codroipo sind nur von außen zu bestaunen und nicht zugänglich. Allerdings gehört ein Teil der Nebengebäude in San Martino (die ehemalige Seidenspinnerei) inzwischen der Gemeinde Codroipo, die dort ein **Kutschen-Museum** eingerichtet hat mit mehr als 40 Kutschen, etlichen Holzpferden in Originalgröße sowie einer Spielzeugsammlung.

**Museo delle Carozze d'Epoca**, Via San Pietro 6, San Martino, 33033 Codroipo (UD), Tel.: +39 0432 912493 oder +39 347 4049865, E-Mail: museodellecarozze@comune.codroipo.ud.it, www.comune.codroipo.ud.it

**Villa della Porta-Kechler-Dorigo**, Via Don Francesco Zossi (Ronchi), 33050 Pavia di Udine (UD)

Villa Kechler in Fraforeano

Gewohnt hat er dabei meist in der aus dem 17. Jahrhundert stammenden **Villa Kechler in Percoto** südöstlich von Udine (heute Pavia di Udine), aber auch in der **Villa Kechler in San Martino** südlich von Codroipo. Die stammt aus dem 16. Jahrhundert und war einmal eine Villa Manin, ehe die große Villa Manin in Passariano gebaut wurde. Vom Garten in San Martino sagte Hemingway: „Hier würde ich gerne begraben sein, am Rand des Anwesens, aber mit dem Blick auf das alte, elegante Haus und die großen, hohen Bäume."

Seltenere Kurzbesuche Hemingways gab es auch in der **Villa Kechler de Asarta in Fraforeano** (etwa zehn Kilometer südlich von San Martino und etwa sieben Kilometer nördlich der Autobahnabfahrt Latisana), wo Alberto Kechler lebte. Diese Villa ist auch noch heute von einem **Park** mit uralten Zedern, Eichen, Sequoien, verschiedene Zypressenarten und vielen anderen malerischen Bäumen umgeben. Die Fassade überwuchert eine riesige Glyzinie, die im Frühjahr leuchtend lila blüht.

Schon bei seinem ersten Besuch in Friaul 1948 lernte der verheiratete Hemingway die 19-jährige Adelige Adriana Ivancich kennen – und offenbar auch lieben. An einem regnerischen Dezembertag war Adriana in Latisana zur Kechlerschen Jagdgesellschaft gestoßen, „It struck me like lightning" / Es traf mich wie ein Blitz", schrieb Hemingway ihr in einem Brief 1954, also sechs Jahre später (1). Adriana wird das Vorbild für die zentrale Frauenfigur Contessa Renata im Roman „Über den Fluss und in die Wälder" („Across the river and into the trees", erschienen 1950). In diesem Roman erzählt er von einem alten Oberst namens Cantwell, der den Ersten und den Zweiten Weltkrieg zum Teil in Friaul Julisch Venetien erlebt hat und sich dann in eine junge, venezianische Contessa verliebt. Die Kechler-Villen in San Martino und Fraforeano gaben Anregungen für Handlungsorte. Immer wieder wird in dem Text

Hemingway mit seiner Frau Mary (links) und Adriana Ivancich

der Krieg reflektiert, doch am Anfang und am Ende schildert Hemingway jeweils eine Entenjagd, wie er sie selbst in der Lagune so liebte.

Ein halbes Jahr nachdem er im April 1954 das letzte Mal in Friaul gewesen war, bekam Ernest Hemingway den Literaturnobelpreis. In Lignano ist der Schriftsteller bis heute präsent. Der Parco Hemingway ist Ort etlicher Veranstaltungen und die Stadt verleiht jedes Jahr einen Hemingway-Literaturpreis.

## TIPP

Die Familie Ivancich wohnte nahe Latisana, aber am rechten, hier schon zu Venetien zählenden Ufer des Tagliamento in **San Michele al Tagliamento**. Die ursprünglich eindrucksvolle Villa aus dem 17. Jahrhundert nach einem Entwurf des berühmten Baumeisters Baldassare Longhena (von ihm stammt auch die Kirche Santa Maria della Salute in Venedig) hatte allerdings im Zweiten Weltkrieg schwere Bombenschäden davongetragen, nur ein Nebengebäude war danach noch bewohnbar. Selbst als Ruine ist das Gebäude heute noch sehenswert.

**Villa Moncenigo Ivancich**, Via degli Artefici 20, 30028 San Michele al Tagliamento

## LITERATUR

(1) **Jeffrey Meyers: Hemingway**. London, Harper & Row 1985

Interessant zu lesen ist auch der schon 1929 erschienene Roman Hemingways „In einem anderen Land" („A Farewell to arms"). Hier berichtet ein Ich-Erzähler über seine Erlebnisse im Ersten Weltkrieg am Isonzo zwischen Gorizia und Kobarid/ Caporetto. Hemingway hat zwar seinem Roman-Helden Teile der eigenen Biografie gegeben, denn er war tatsächlich als Sanitäter freiwillig im Ersten Weltkrieg auf Seiten der Italiener dabei, jedoch nicht schon 1917 bei der 12. Isonzoschlacht wie sein Titelheld. Hemingway kam erst 1918 aus Amerika an die Piave-Front. Dort wurde der damals 19-Jährige verwundet, so wie er das später im Roman für den Titelhelden Frederic geschehen lässt.

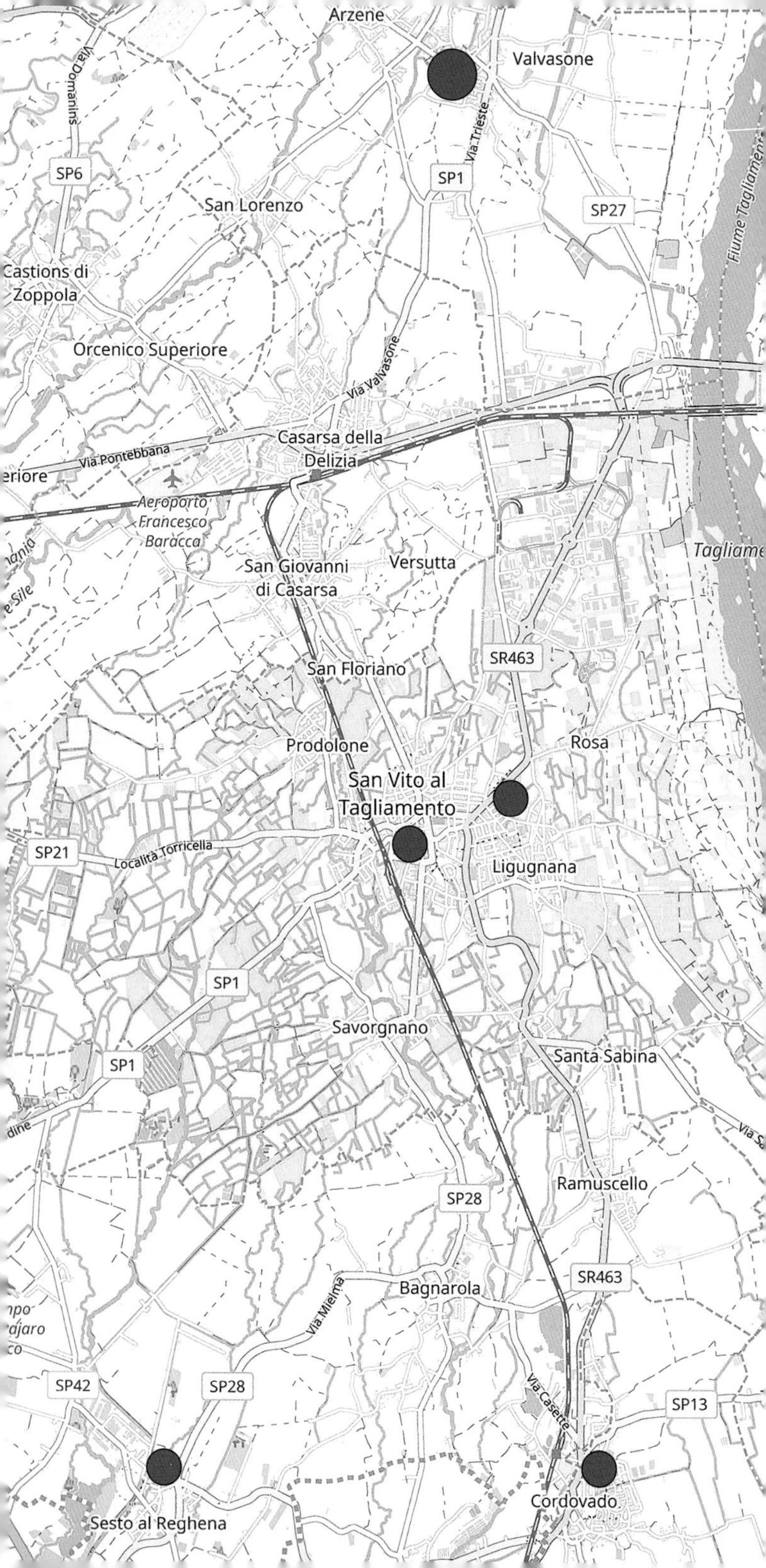

Arzene
Valvasone
Via Domanins
Via Trieste
SP6
SP1
San Lorenzo
SP27
Fiume Tagliamento
Castions di Zoppola
Orcenico Superiore
Via Valvasone
Casarsa della Delizia
Via Pontebbana
eriore
Aeroporto Francesco Baracca
Tagliame
San Giovanni di Casarsa
Versutta
SR463
San Floriano
Prodolone
Rosa
San Vito al Tagliamento
SP21
Località Torricella
Ligugnana
SP1
Savorgnano
SP1
Santa Sabina
Ramuscello
SP28
SR463
Bagnarola
Via Mielma
SP42
SP28
Via Casette
SP13
Cordovado
Sesto al Reghena

## 6 DÖRFER DER EBENE

# 6 Malerische Dörfer der Ebene

Es ist einfach die „bellezza“, die Schönheit, die viele Orte des kleinen Universums Friaul zu Anziehungspunkten macht. Aber Schönheit ist nicht gleich Schönheit, jedes der „borghi“ und jede der „cittadine“, der Dörfer und Städtchen, hat eine ganz individuelle Bellezza, auf die man oft völlig unvermutet trifft.

Ganz im Westen von Friaul, nahe der Grenze zu Venetien, liegt Überraschendes und Schönes ebenfalls dicht an dicht. Die **Abbazia Santa Maria in Silvis** in **Sesto al Reghena** war einst die mächtigste Abtei der Gegend. In der Langobardenzeit im Jahr 762 als Benediktinerkloster gegründet ist heute eine Kirchen- und Klosteranlage erhalten, die kunsthistorisch ausgesprochen interessant ist, und zwar wegen der größtenteils romanischen Bauten, aber auch wegen der Fülle von Fresken aus verschiedensten Jahrhunderten. Im Chor der Kirche etwa haben in der ersten Hälfte des 14. Jahrhunderts Mitarbeiter Giottos, der zu den berühmtesten italienischen Malern dieser Zeit zählt, gearbeitet. Es sind Szenen aus dem Leben der Heiligen Petrus, Bonaventura, Johannes und der Maria.

Zu einem der Geheimnisse rund um die Abtei führen allerdings **Fresken in der kleinen Loggia**, die der Kirche vorgelagert ist. Themen des Rolandsliedes sind dargestellt, also jenes französischen Versepos, das im 11./12. Jahrhundert entstanden ist. Eines seiner Kernthemen ist die Kriegsführung gegen die Heiden, das ist direkt in Verbindung zu bringen mit den Kreuzzügen, die in dieser Zeit begannen. Christliche Ritterheere hatten das Ziel, das von Muslimen beherrschte Jerusalem unter christliche Herrschaft zu bringen.

Einer der in den Kreuzzügen engagierten militärisch-religiösen Ritterorden war jener der 1118 gegründeten Tempelritter, der Templer. Sie standen ursprünglich sehr in der Gunst des Papstes, aber am Anfang des 14. Jahrhunderts wurden mehr und mehr Vorwürfe der Ketzerei gegen sie erhoben. Sie waren geheimnisumwittert, viele Verschwörungstheorien – auch über diabolische Riten – rankten sich um den Orden. Er wurde 1312 vom Papst aufgelöst, viele Templer wurden getötet, viele traten in der Folge in andere Ritterorden oder Klöster ein.

Der Eingangsturm zur Abtei Sesto al Reghena

Aufgrund der besagten Fresken – aber auch aus anderen Gründen – entstand die Theorie, die Templer müssten mit der Abtei wohl eng verbunden gewesen sein. Es heißt, die Benediktiner seien den ihnen durchaus brüderlich gegenüber gestanden. So sei es kein Zufall gewesen, dass der Bau des Klosters in Sesto al Reghena besonders aufwendig ausgefallen war – dank großzügiger Spenden. Mag sein, dass die Abtei ab dem 12. Jahrhundert eines der Bollwerke der Ländereien der immer reicher und mächtiger werdenden Tempelritter geworden ist.

Nachgewiesen ist jedenfalls die Anwesenheit von Templern im nur etwa dreißig Kilometer entfernten und nördlich von Pordenone gelegenen Ort San Quirino. Urkundlich erwähnt ist hier eine Schenkung von Ländereien an die Tempelritter durch den steirischen Herzog Ottokar im Jahr 1219. Im Jahr 1312 umfassten die Besitzungen in dieser Gegend etwa siebzig Bauernhöfe und etliche Mühlen. Sie wurden nun vom Johanniterorden übernommen. Dokumentierte Niederlassungen des Templerordens gab es übrigens auch in Gemona, Latisana und Grado.

In Sesto al Reghena fällt jedenfalls auf, dass die Templer-Facette der Geschichte in den gängigen historischen Beschrei-

Der Hof vor der Abteikirche von Sesto al Reghena mit Campanile

Die Loggia vor der Abteikirche

Fresken in der Loggia mit Szenen des Rolandsliedes

Die malerische Szenerie von Cordovado

Die Villa Freschi-Piccolomini, das Herz des Castello Cordovado

bungen nicht erwähnt wird. Nicht unüblich, dass die offizielle Geschichtsschreibung bei diesem Thema vornehme Zurückhaltung übt. Fest steht aber: Nach der Auflösung des Templerordens begann auch der Niedergang der Abtei.

## INFO

**Abbazia Santa Maria in Silvis**, Piazza Castello 3, 33079 Sesto Al Reghena (PN), Tel.: +39 0434 699014, E-Mail: abbaziasestopn@libero.it, www.abbaziasestoalreghena.it

**Santuario Santa Maria delle Grazie**, Piazza Cecchini 29, 33075 Cordovado (PN), Tel.: +39 0432 684634, www.parrocchiacordovado.it/madonna-delle-grazie.html

Idyllisch ist auch das nahe **Cordovado**. Teile des mittelalterlichen Ortes sind erhalten, aber dominant sind die Palazzi und Villen. Als besonders prächtig sticht die **Villa Attimis-Freschi-Piccolomini** aus dem 17. Jahrhundert ins Auge, im Besitz der Familie Piccolomini, also jenes berühmten sienesischen Adelshauses, aus dem auch Päpste hervorgingen.

Die Piazza del Popolo in San Vito al Tagliamento

Sommerliche Freilicht-Oper auf der Piazza

Cordovado ist außerdem Wallfahrtsort. Das **Santuario Santa Maria delle Grazie** wurde zwischen 1600 und 1603 in schönem venezianischem Barock errichtet. Friaul weist ja mit Castelmonte bei Cividale, dem Monte Lussari bei Tarvis, dem Monte Grisa bei Triest, Barbana in der Lagune von Grado, Aquileia daneben und Zuglio in den karnischen Bergen einen besonderen Reichtum an Pilgerstätten auf.

Dazu gehört auch das **Santuario Madonna di Rosa** in **San Vito al Tagliamento**. Wie um so viele Marienheiligtümer rankt sich auch um diesen Ort die Legende einer Marienerscheinung. Vom Santuario nicht weit entfernt liegt das historische Zentrum von San Vito. Das hat außer der weiten Piazza del Popolo mit dem **Palazzo Rota** (wo das Rathaus untergebracht ist) und dem **Dom** mit schönen Gemälden von Pomponio Amalteo (von ihm wird gleich noch die Rede sein) eine besondere Spezialität zu bieten: Ein kleines Theater im venezianischen Stil. **Antico Teatro Sociale Gian Giacomo Arrigoni** heißt es und wer beim Kulturbüro Ufficio Beni ed Attività Culturali am

Valvasone mit der Pfarrkirche Santissimo Corpo di Cristo

Hauptplatz neben der Loggia nachfragt, kann zumeist gleich die Stiegen zu dem über der Loggia liegenden Theaterraum hinaufsteigen. Ein überraschender Anblick!

Benannt ist das Theater nach dem im 17. Jahrhundert in San Vito tätigen Komponisten Gian Giacomo Arrigoni. Seit damals gibt es hier Musik- und Theateraufführungen, bis heute. Die jetzige Ausstattung stammt aus dem 18. und 19. Jahrhundert. Im Sommer steht oft auch der Hauptplatz von San Vito al Tagliamento für einen Abend im Zeichen der Musik und verwandelt sich in einen Aufführungssaal, eine Oper im Freien begeistert dann Jung und Alt.

## INFO

**Santuario Madonna di Rosa**, Piazzale Santuario 3, 33078 San Vito al Tagliamento (PN), Tel.: +39 0434 80324, E-Mail: info@santuariomadonnadirosa.it, www.santuariomadonnadirosa.it

**Tourismusbüro San Vito**, Piazza del Popolo 13, 33078 San Vito al Tagliamento (PN), Tel.: +39 0434 80251, E-Mail: iat.sanvitoaltagliamento@gmail.com, www.turismofvg.it/code/97936/I-A-T-San-Vito-al-Tagliamento

Musikgenüsse ganz anderer Art sind in **Valvasone**, einem besonders malerischen Ort mittelalterlichen Charakters, zu erleben. Im dortigen **Dom Santissimo Corpo di Cristo** steht ein Einzelstück: Italiens einzige erhaltene und noch spielbare **venezianische Orgel aus dem 16. Jahrhundert**. Die Grafenfamilie Valvasone bestellte sie 1532 beim Orgelbauer Vincenzo Colombo aus Casale Monferrato, der in Venedig tätig war. Von 1533 bis 1552 wurde die Orgel gebaut, inklusive des reich verzierten und bemalten Orgelkastens.

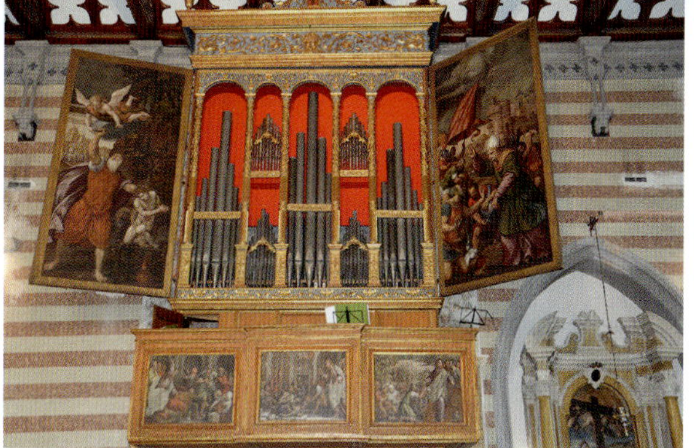

Die venezianische Orgel des 16. Jahrhunderts in der Pfarrkirche

Mit den Malereien wurde einer der berühmtesten friulanischen Künstler Giovanni Antonio De Sacchis, genannt Pordenone, beauftragt. Dieser starb 1539 ohne seine Arbeit zu vollenden. Und so war es an seinem Schüler und Schwiegersohn Pomponio Amalteo, die letzten Bilder bis 1544 fertigzustellen. Amalteo, der aus Motta di Livenza stammte und ab 1536 in San Vito al Tagliamento lebte, hatte sich schon weit über die Region hinaus einen hervorragenden Namen gemacht. In San Vito sind übrigens auch Flügel einer zerstörten Orgel erhalten, die Amalteo etwa zwanzig Jahre nach dem Werk in Valvasone bemalt hat.

Die Orgel in Valvasone lässt heute noch das Herz jedes Organisten jubeln. Restauriert von Francesco Zanin entwickelt sie regelmäßig in Konzerten ihre wunderbaren Klänge. Übrigens: Die Orgelbauerfamilie Zanin aus Codroipo ist international bekannt. Unter anderem war sie 1995 beteiligt an der Wiedererrichtung der Vierungsorgeln des Salzburger Doms.

Das **Flair des mittelalterlichen Dorfes** mit den schmalen Gassen, gesäumt von den uralten Gebäuden, mit den kleinen Kanälen und der Mühle hat sich in Valvasone erhalten. Die Piazza Castello gibt den Blick auf das **Schloss der Grafen von Valvasone** frei. Nicht immer kann der mächtige Bau innen besichtigt werden. Wenn doch, dann ermöglichen Führungen Blicke zumindest in einen kleinen Teil des Castello aus dem 13. Jahrhundert.

In einem Raum mit prächtigen mittelalterlichen Fresken fällt die Darstellung eines Wolfes vor einem Esel auf dem Thron auf. Der Wolf steht für die Grafen von Valvasone, die dieses Tier im Wappen trugen. Und der Esel, der damals noch

Das Wolfsfresko im Castello Valvasone

Die Putti im winzigen Theater des Castello

ein Symbol für Treue und Beständigkeit war, symbolisiert die Patriarchen. Mit denen hatten die Grafen von Valvasone so ihre Probleme, weshalb der Wolf auf dem Fresko den Kopf abwendet.

Das Schloss birgt auch ein winziges Theater aus dem 18. Jahrhundert. Es heißt, es sei das kleinste Theater Italiens, nur etwa vierzig Personen haben Platz. Rundum zieren Fresken mit vielen Putti den Raum. Fast alle diese Engelchen sind männlich. Der einzige weibliche Putto ist in einer Ecke über der Bühne gemalt. Die prüde Zeit der Gegenreformation erlaubte das

Der Dichter Ippolito Nievo hat viele Facetten Friauls beschrieben.

Zeigen eines nackten weiblichen Körpers nicht, nur hier, als Wiedergabe griechischer Mythologie ging das durch. Und Graf Erasmus von Valvasone liebte die alten Griechen.

### INFO

Über Öffnungszeiten des **Castello Valvasone** informiert die **Associazione a Spasso per il Borgo – Valvasone Arzene**, Via Erasmo 1, 33098 Valvasone Arsene (PN), Tel.: +39 0434 898898 oder +39 375 632 6397, E-Mail: info.valvasone@gmail.com

Die Magie der friulanischen Ebene hat seit je die Dichter inspiriert. **Ippolito Nievo**, in Padua in Venetien 1831 geboren, verbrachte lange Phasen bei der Großmutter im Castello Colloredo di Monte Albano sowie in der Gegend von Varmo und Camino al Tagliamento. In seiner romantischen Erzählung „Il Varmo", dem Flüsschen Varmo gewidmet, erzählt er über das ländliche Leben in vielen Facetten rund um die Familie des Müllers von Glaunicco. Nievo beschreibt den Ort: „... wenn man das auf den Kopf gestellte Bild der Häuschen von Glaunicco in seinem (Anm.: des Varmo) tiefblauen, bebenden Spiegel sieht, wo die warmen Farben des Grundes sich mit dem Widerschein der Perspektive vermischen, legt der Geist die Traurigkeit ab ... und die kleine Brücke und das

Die Mühle von Glaunicco

Der Fluss Varmo

Ufer und die Weiden, die ihre Äste in die Strömung hängen lassen, und die Herden, die ihre Nüstern benetzen, erwachen zu einem ganz neuen Leben und gewinnen eine derartige poetische Kraft, dass sie an die Bucolica und die Odyssee erinnern. Und auch die nahe Mühle raubt dieser Szene nicht die Anmut ..." (1). Diese **Mühle von Glaunicco** ist noch heute ein überaus malerischer Ort, an dem die Familie Del Negro das beliebte Restaurant Al Molino betreibt.

## INFO

**Ristorante Al Molino di Glaunicco**, Località Molino 4, 33030 Glaunicco di Camino al Tagliamento (UD), Tel.: +39 0432 919357, E-Mail: info@almolino.com, www.almolino.com

Über **Camino al Tagliamento** mit seinem **Palazzo Savorgnan Minciotti** aus dem 15. Jahrhundert und der **Villa Giavedoni** in der Via Tagliamento 13, einem der Aufenthaltsorte des Schriftstellers Ippolito Nievo, und auch mit Valentino Berts Trattoria Da Bepo mit ihrer typischen friulanischen Küche und der heimeligen Atmosphäre im Ortsteil Bugnins zieht der Fluss Varmo weiter

Garten des Palazzo Savorgnan Minciotti in Camino al Tagliamento

seinen Lauf. Der römische Schriftsteller Plinius hat ihn als „varamus“ erwähnt. Heute trägt den Namen Varamus ein feiner Wein aus der Merlot-Traube des hier heimischen Winzers Paolo Ferrin.

Der Varmo also fließt in den nach ihm benannten Ort, im Friulanischen Vil di Var genannt, **Villa di Varmo**, der einstige Wohnort der Grafen von Varmo. Deren mittelalterliche Schlösser Varmo di Sotto und Varmo di Sopra wurden von Hochwässern des Tagliamento im 16. und 17. Jahrhundert zerstört.

### INFO

**Trattoria Da Bepo**, Via Amalteo 2, Frazione Bugnins, 33030 Camino al Tagliamento (UD), Tel.: +39 0432 919013, E-Mail: bert.valentino@gmail.com, www.dabepo.com

**Azienda Paolo Ferrin**, Casali Maione, Frazione Bugnins, 33030 Camino al Tagliamento (UD), Tel.: +39 0432 919106, E-Mail: info@ferrin.it, www.ferrin.it

Varmo ist die Heimat des Schriftstellers **Amedeo Giacomini** (1939–2006). Der beschreibt die Landschaft einfühlsam: „Intorno a me, la campagna, tolti ormai da tempo i gelsi che, nella mia infanzia la sezionavano in geometrie perfette e senza fine estese a creare un ordine quasi ossessivo, nato, senza dubbio, da una necessità psicologica: dall'ansia, direi, di colmare, di dominare in linee e ritmi razionali l'inquieta distesa della pianura, era tutto un seguito di vigneti, carichi di verderame, perfettamente e asetticamente puliti.“ / „Um mich herum die Landschaft, seit langem sind die Maulbeerbäume ausgerissen, die in meiner Kindheit die Landschaft perfekt geometrisch gliederten, sich endlos dahinzogen, um eine fast quälende Ordnung zu schaffen, ohne Zweifel ent-

Die Villa Giacomini in Varmo

Die Villa Bartolini „Il palassàt" in Santa Marizza di Varmo

standen aus psychologischer Notwendigkeit: ich würde sagen aus der Sorge, in der unruhigen Weite der Ebene eine Lücke zu schließen, in Reihen und rationalen Rhythmen zu dominieren, in einer Abfolge von Weingärten, mit Ladungen von Kupfergrün, perfekt und keimfrei." (2)

## LITERATUR

(1) Zitiert aus: **Ippolito Nievo: Il Varmo**. Novella Paesana. Erschienen 1856. Wieder aufgelegt: Edizioni del Gazzettino 1992

(2) Zitiert aus: **Amedeo Giacomini: Viaggio in Friuli, tra i vini e gli uomini**. Santi Quaranta 2005.

Am nördlichen Ortsbeginn von Varmo steht eine gelbgestrichene Villa. Hier wohnte Giacomini, er hat die Villa testamentarisch der Gemeinde vermacht, die sie als Veranstaltungsort nützt. Giacomini ist aber nicht der einzige Schriftsteller,

Die Chiesetta Santa Maria Assunta in Santa Marizza di Varmo

den es in Varmo zu beachten gilt. Im **Ortsteil Santa Marizza**, ein ländlich malerisches Dörfchen etwas nördlich des Kernortes, lebten gleich zwei namhafte „Meister des Wortes", Elio Bartolini und Sergio Maldini.

Mitten in Santa Marizza steht die dominante Villa, die von **Elio Bartolini** bewohnt wurde, „Il palassàt" wurde der Palazzo genannt. Ein herrschaftliches Haus, das einst der Contessa Giuliana Canciani-Florio gehörte, einer zu Lebzeiten auch bei der ländlichen Bevölkerung angesehenen Adeligen. Sie kümmerte sich nach dem Tod ihres Mannes Conte Francesco Florio 1940 um die Ländereien der Familie. „L'imperatrice del mais", die Kaiserin des Mais, wurde sie auch genannt, in Anspielung auf die vielen Hektar Maisfelder, die zu ihrem Besitz gehörten. Sie hatte Bartolini die Villa verkauft.

Bartolini wurde 1922 zwar im benachbarten Venetien, in Conegliano, geboren, aber er hat die meiste Zeit seines Lebens in Friaul verbracht. Er empfand sich als Friulaner und zwar als einer, der mehr über das Land und seine Menschen wusste als alle anderen. Er schrieb auch in friulanischem Dialekt, Prosa genauso wie Gedichte. Ihm waren die gesellschaftlichen Veränderungen ein Hauptthema, der Konflikt zwischen der alten bäuerlichen Welt und der modernen bürgerlichen, technologisch bestimmten Welt, der Verfall der Traditionen und das Entstehen neuer Werte. Die Villa Bartolini in Santa Marizza ist heute im Besitz eines ehemaligen Kommandanten der italienischen Kunstflugstaffel Frecce Tricolori (die hat ihren Stammflugplatz in Rivolto bei Codroipo).

Die Fresken von Gian Paolo Thanner in der Chiesetta

Die Pfarrkirche San Lorenzo in Varmo

Das Bauernhaus gleich daneben hatte dieselbe Contessa Canciani-Florio dem Schriftsteller **Sergio Maldini** (1923–1998) verkauft. In Florenz geboren war er in Friaul aufgewachsen, verbrachte viele Jahre als Journalist in Rom, ehe er sich entschied nach Friaul zurückzukehren. Aus der wahren Geschichte des Hauskaufes in Santa Marizza entstand der Roman „La Casa a Nord-Est" / „Das Haus im Nord-Osten", der mit etlichen italienischen Literaturpreisen ausgezeichnet wurde. Sowohl Bartolini als auch Maldini sind am Friedhof der kleinen **Kirche Santa Maria Assunta** in Santa Marizza begraben.

Das Innere dieser Chiesetta ist auch der Beachtung wert, und zwar wegen der Fresken aus dem 16. Jahrhundert. Sie werden einem Künstler namens Gian Paolo Thanner (ca. 1475–1555) zugeschrieben. Der stammte aus einer bayrischen Familie, die nach Friaul ausgewandert war, um Arbeit zu finden. Gian Paolo lernte die Malerei bei seinem Vater Leonardo. In allen seinen Fresken, die sich quer durch die Region finden, zeigt sich eine ganz eigene, simple und doch faszinierende Bildsprache, die darauf abzielte, das einfache Volk zu erreichen. Das gilt auch für die Szenen in Santa Marizza, seien es die Kirchenväter im Gewölbe, die Heiligen oder die Verkündigung Mariens.

### INFO

Die **Chiesetta in Santa Marizza** (Via Gian Paolo Thanner) ist geöffnet zur Messfeier am Samstag um 18.30 Uhr (Winter) oder 19 Uhr (Sommer). Oder man fragt im Municipio/Rathaus von Varmo Franco Gover, der dort beim Empfang Dienst tut, nach einer Besuchsmöglichkeit. Er ist auch Ansprechperson, sollte die **Pfarrkirche San Lorenzo** nicht geöffnet sein. Gover ist begeisterter Historiker und Kunsthistoriker und freut sich über alle, die sich für die Kunst der Gegend interessieren.

**Comune Varmo**, Piazza Municipio 1, 33030 Varmo (UD), Tel.: +39 0432 778685, E-Mail: protocollo@comune.varmo.ud.it, www.comune.varmo.ud.it

Kaum zu glauben, dass ungefähr aus derselben Zeit ein ganz meisterhafter Altar in der **Pfarrkirche San Lorenzo in Varmo** von dem bereits bei Valvasone erwähnten Antonio De Sacchis, genannt Pordenone, stammt. 1526 gaben die Bürger von Varmo den Altar in Auftrag, 1529 wurde er aufgestellt. Pordenone gilt als der bedeutendste Renaissancemaler in

Friaul. Der Altar in Varmo ist zwar in seiner Statik der Darstellungen für die Zeit retardierend (offenbar auf Wunsch der Auftraggeber), aber sowohl die thronende Madonna in der Mitte als auch die Heiligen Lorenz und Jakobus auf der linken sowie der Erzengel Michael und der heilige Antonius Abate auf der rechten Seite lassen keinen Zweifel an der hohen Meisterschaft Pordenones.

Dieser Altar macht Lust auf mehr. Bei unserer Kulturwanderung in die namensgebende Heimatstadt des Künstlers, die Provinzhauptstadt Pordenone, werden wir dieses Mehr erleben.

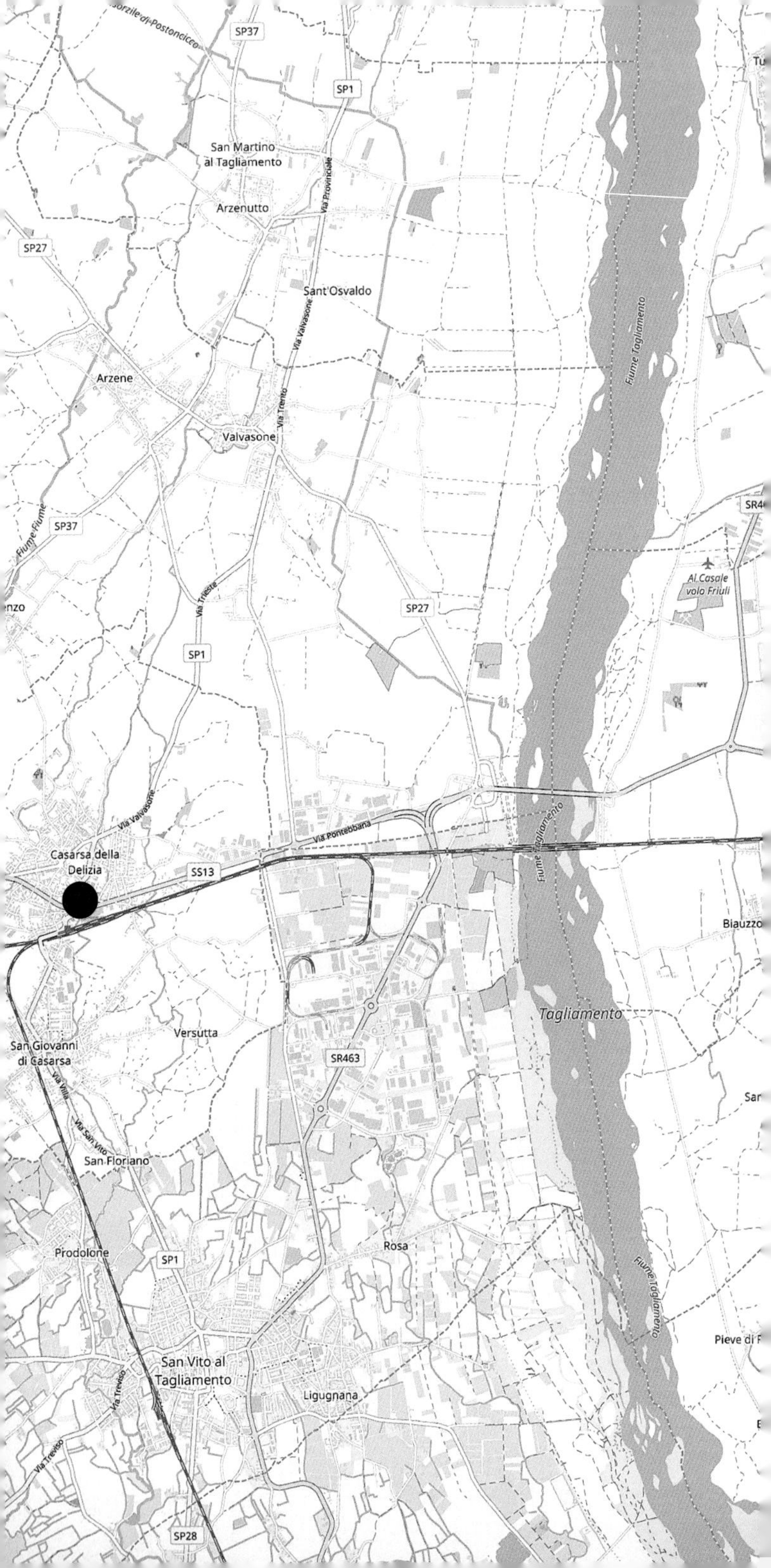

SP37
SP1
San Martino al Tagliamento
Arzenutto
Via Provinciale
SP27
Sant'Osvaldo
Fiume Tagliamento
Arzene
Valvasone
Via Trento
Via Valvasone
SP37
Fiume Fiume
SR46
Al Casale volo Friuli
SP27
Via Trieste
SP1
Via Valvasone
Via Pontebbana
Casarsa della Delizia
SS13
Fiume Tagliamento
Biauzzo
Tagliamento
Versutta
San Giovanni di Casarsa
SR463
Via Villa
Via San Vito
San Floriano
Prodolone
SP1
Rosa
Fiume Tagliamento
San Vito al Tagliamento
Via Treviso
Ligugnana
Via Treviso
SP28

7 CODROIPO
Coderno
SP39
Pantianicco
SP52
Sedegliano
Via Udine
Torrente Corno
Canale Secondario di Giavons
Gradisca
San Lorenzo
Beano
Via Villaorba
Via San Daniele
Pozzo
Canale Bassagliol
Museo del Vino
Via Selva
Goricizza
Via Udine
Viale Venezia
Viale Venezia
SS13
Zompicchia
Via Udine
Codroipo
Rivolto
Via Ventiquattro Maggio
Canale Giavons
Passariano
Iutizzo
Lonca
SP65
Via Madonna
Via Lignano
Roggia Cantiera
Parco regionale delle Risorgive
SP93
Via Lignano
Torrente Corno
o al Tagliamento
Biotopo Roggia Ribosa di Bertiolo e Lonca
San Pietro
San Martino
Glaunicco
SP39
Muscletto
Rividischia
Gradiscutta
Santa Marizza
Romans
Straccis

# 7 Codroipo, Casarsa und rundherum

„Signora, Le serve un pezzo di pescatrice?“, fragt Gianni, der Fischer. Auf dem Tisch seines Marktstandes liegt ein großer, hässlicher Drachenfisch. Bei dieser Optik ist es kaum vorstellbar, dass das Fleisch dieses als Seeteufel oder in Italien als „pescatrice“ oder „coda di Rospo“ bekannten Fisches eine ausgesprochene Delikatesse ist. Ist es aber! Auf dem Wochenmarkt der Stadt **Codroipo** jeden Dienstag findet sich – wie bei italienischen Märkten üblich – alles für's Alltagsleben, vom Fisch aus der Adria bis zum T-Shirt aus China – ein Treffpunkt für die Menschen der ganzen Gegend.

Ein wichtiger Treffpunkt war der Ort schon zur Zeit der Römer, denn er entstand an der Kreuzung zweier bedeutender Straßen, der Via Postumia, die Aquileia mit Genua verband, und der Via Iulia Concordia, die von der römischen Kolonie Iulia Concordia (heute Concordia Sagittaria bei Portugruaro in Venetien) nach Gemona führte und dort in die Via Iulia Augusta

mündete, welche wiederum nach Norden in die römische Provinz Noricum führte.

„Quadruvium" war damals der Name der Stadt, was „Kreuzung" bedeutet. Kein Wunder also, dass sich im **Museo Archeologico** von Codroipo jede Menge Fundstücke aus der Römerzeit finden, aber auch vielerlei Interessantes der Langobardenkultur sowie aus der Renaissance. Das Museum ist in den 1840 errichteten Prigioni vecchie, den alten Gefängnissen nahe dem Dom untergebracht.

## INFO

**Civico Museo Archeologico della Città di Codroipo**, Piazzetta Don Vito Zoratti, 33033 Codroipo (UD), Tel.: +39 0432 820174, E-Mail: museoarcheologico@comune.codroipo.ud.it, www.comune.codroipo.ud.it

Codroipo mit dem Dom Santa Maria Maggiore

Jeden Dienstag ist Markttag in Codroipo.

Nur ein paar Schritte entfernt steht der **Dom Santa Maria Maggiore**. Er birgt ein großes Holzkreuz aus der Zeit rund um 1600, das schwarz bemalt ist. Dieser „Cristo nero“, der schwarze Christus, auf dem mittleren Seitenaltar links wurde 1808 aus Venedig nach Codroipo gebracht. Es wird erzählt, dort habe dieses Kruzifix – getragen von einem Kaplan – zum

Das archäologische Museum von Codroipo im alten Gefängnis

Der schwarze Christus im Dom von Codroipo

Tod Verurteilte begleitet. Sie hätten es vor der Exekution auf der Piazzetta beim Dogenpalast küssen müssen. Hier in Codroipo sehen die Gläubigen in dem Cristo nero einen verlässlichen Helfer in der Not.

### TIPP

In den Tagen rund um den 28. Oktober, den Namenstag des Heiligen Simon, feiert ganz Codroipo ein riesiges Fest. Diese **Fiera di San Simone** entstand aus der bäuerlichen Kultur eines Erntedankfestes. Heute füllt ein riesiger Markt den ganzen Ort, Spezialitäten der Region werden angeboten, aber auch solche aus Partnerstädten Codroipos in anderen Ländern. Musik, Vorträge und sportliche Wettkämpfe gehören ebenso dazu. Tausende Besucher sind jedes Mal dabei. www.comune.codroipo.ud.it

Von 1420 bis 1797 stand natürlich auch Codroipo unter venezianischer Herrschaft. Das bedeutendste Zeugnis davon liefert die **Villa Manin in Passariano**, das zum Gemeindegebiet von Codroipo gehört. Kaum ein Führer über die Villa Manin kommt ohne den Hinweis auf eine Einschätzung des jungen Generals Napoleon aus: „Für einen Fürsten zu groß, für einen Kaiser zu klein“, soll er gesagt haben, als er im Oktober 1797 in der Villa wohnte. General Napoleon hatte die Serenissima besiegt, den Kaiser in Wien in die Knie gezwungen und bezog Quartier in der Villa Manin, wo der Frieden von Campoformido unterzeichnet wurde (siehe Kapitel über Udine). Auch der Erste Weltkrieg und seine Folgen gingen nicht an dem geschichtsträchtigen Gebäude vorbei. 1917, nach der letzten Isonzoschlacht und der Flucht der italienischen Truppen über Udine und den Tagliamento Richtung Piave, hatten sich hier der letzte österreichische Kaiser Karl I. und der deutsche Kaiser Wilhelm II. getroffen, um ihren Sieg zu feiern.

Seit 1969 gehört die Villa dem Land, also der Region Friuli Venezia Giulia. In einem der beiden geschwungenen Kolonnadengebäude vor der Villa, „barchesse“ genannt, wurde Anfang der 1970er Jahre von der Region das Centro di catalogazione e restauro dei beni culturali, also ein Zentrum zur Katalogisierung und Restaurierung von Kulturgütern, eingerichtet, zu dem auch eine Schule für Restauratoren gehörte. So konnte hier nach den schweren Schäden der Erdbeben von 1976 sehr konzentriert an der Rettung vieler Kunstschätze gearbeitet werden. Diese Institution wurde verändert, sie heißt

Märzenbecher-Blüte im Garten der Villa Manin in Passariano

heute ERPAC (Ente Regionale Patrimonio Culturale Friuli Venezia Giulia) und ist außer für die Katalogisierung auch für die Bewerbung kultureller Aktivitäten zuständig.

Jahrelang haben große Kunstausstellungen tausende von Besuchern in die Villa gelockt. Nun (bei Drucklegung dieses Buches) ist das eindrucksvolle Hauptgebäude geschlossen. In den Nebengebäuden werden kleinere Ausstellungen präsentiert, auch im Stockwerk über den alten Stallungen mit ihren Säulen aus rotem Marmor. Wer das Glück hat, den prächtigen Park, der nach einem Sturm im August 2017 schwere Schäden davongetragen hat, geöffnet zu finden, trifft im April auf ein Meer von Märzenbechern, die sich auf den Wiesen zwischen den riesigen Bäumen und der Villa ausgebreitet haben.

In Rivolto bei Codroipo ist die Azienda Vigneti Pittaro das Reich des **Pietro Pittaro**, ein Grandseigneur der friulanischen Weinwelt und „Vater" der Önologen der Region. Erst Pittaros Weine probieren und dann sein Museum anschauen? Oder umgekehrt?

Besser erst ins **Museo del Vino**. Es zahlt sich aus. Pietro Pittaro hat seit 1970 seiner Sammelleidenschaft freien Lauf gelassen und tausende Objekte zusammengetragen, die mit dem Wein zu tun haben. So finden sich in den Vitrinen unzählige wertvolle Flaschen und Trinkgläser aus verschiedensten Jahrhunderten. In einem großen Raum steht gar eine echte Gondel und birgt kostbare Gläser aus Murano. Eine alte Destillerie ist ebenso nachgebaut wie eine Etikettendruckerei, eine Fassbinderei oder eine kleine Osteria. Werkzeug, Kupferkessel, alles, was früher für die Arbeit im Weingarten nötig war, ist zu sehen.

Der Winzer Pietro Pittaro und seine Glassammlung

Pittaros Weinmuseum mit venezianischer Gondel

In jedem Fall muss Zeit sein für eine Degustation der Pittaro-Weine. Die Auswahl ist groß, vom preisgekrönten Spumante, der nach Champagnermethode erzeugt wird, über den klassischen Friulano bis zum süßen Moscato Rosa.

## INFO

**Museo del Vino,** Vigneti Pittaro, Via Udine 67, Frazione Rivolto, 33030 Codroipo (UD), Tel.: +39 0432 904726, E-Mail: info@vignetipittaro.com, www.vignetipittaro.com

Wer Antialkoholisches bevorzugt, darf **Coderno** nicht auslassen. In diesem Ort etwa zehn Kilometer nördlich von Codroipo regieren die Milch und alles, was man aus ihr machen kann. „Il pais dal formadi" wird Coderno auf Friulanisch genannt, der „Ort des Käses", ein typisches, ländliches Dorf der friulanischen Ebene.

In vielen Bauernhöfen werden Kühe gehalten, was bei entsprechender Witterung auch zu riechen ist. Die **Latteria** von Coderno arbeitet als Kooperative und ist für hervorragende Käsesorten in ganz Friaul bekannt. Die meisten Bauern im Ort

Die Latteria von Coderno ist berühmt für ihre Käsesorten.

liefern die Milch zur Käseerzeugung an die Latteria sociale. Von würzigem frischen Topfen über Fior-di-latte-Mozzarella bis zu einem Käse namens Ubriaco (der Betrunkene, der in Wein gereift wird) und einem mit der DOP-Bezeichnung (Denominazione all'origine protetta, also eine geschützte Herkunftsbezeichnung) geadelten Montasio reicht eine große Auswahl.

### INFO

**Latteria Coderno**, Via Ingorie 2, 33039 Coderno di Sedegliano (UD), Tel.: +39 0432 916066, E-Mail: latcoderno@libero.it, www.latteriacoderno.it

Aber Coderno ist nicht nur für Milch- und Käseliebhaber interessant: Hier wurde **Padre David Maria Turoldo** geboren (1916–1992), der als Priester und Dichter in Friaul gleichermaßen geschätzt ist und von manchem „der Poet Gottes" genannt wurde.

Das Geburtshaus Turoldos in der Via Caterina Percoto ist heute ein kleines **Museum**. Hier wird ein wenig von der Atmosphäre der Einfachheit bewahrt, die Turoldo in vielen Texten beschrieben hat; im Zentrum das ländliche Leben, das er hier erfahren hat, als jüngstes von neun Kindern. Schon mit 13 Jahren wird er Novize des Servitenordens in Venetien, studiert dann Philosophie, Theologie und Literatur in Venedig, Mailand und Urbino. In Mailand ist er in den 1940er Jahren aktiv im antifaschistischen Widerstand. Sein Leben als Priester war immer auch ein Leben als Dichter. Das von Spannungen geprägte Verhältnis zwischen Mensch und Gott hat er in Prosatexten und in Gedichten zu analysieren und zu erfühlen gesucht. Seine Predigten – oft übertragen in Radio und Fernsehen – machten ihn in ganz Italien bekannt.

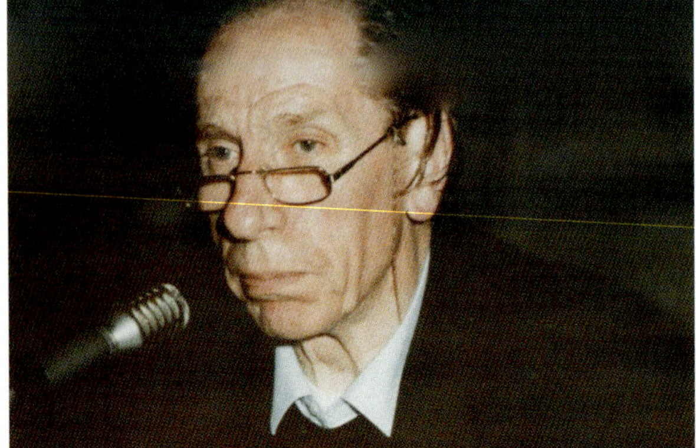
Padre Maria Turoldo ...

... und sein Geburtshaus in Coderno

## INFO

**Casa Natale di Padre David Maria Turoldo,** Via Caterina Percoto 7/1, 33039 Coderno (UD), Tel.: +39 0432 916384 oder +39 0432 915520 (Gemeindesekretariat) E-Mail: segreteria@com-sedegliano.regione.fvg.it, www.comune.sedegliano.ud.it

Anfang der 1960er Jahre kehrte Turoldo nach Friaul zurück, in den Servitenkonvent in Udine. Nun wurde ein von ihm lange erträumtes Projekt Wirklichkeit: Gemeinsam mit dem Regisseur Vito Pandolfi arbeitete er an der Verfilmung seiner Erzählung „Io non ero fanciullo" / „Ich war kein Kind". Dieser Film mit dem Titel „Gli ultimi" / „Die Letzten" wurde sowohl in Coderno als auch bei jener Mühle in Glaunicco gedreht, die heute das Ristorante Al Molino ist. Erzählt wird über das Edle des armen, ländlichen Lebens in Turoldos Friaul. Die Öffentlichkeit lehnte den Film damals als zu drastisch ab, erst später wurde der Wert der Produktion erkannt.

Pasolini-Texte im Centro Studi P. P. Pasolini in Casarsa

Turoldo, der unbequeme Priester, war auch mit Pier Paolo Pasolini, dem unbequemen Künstler, befreundet. Sie verband die Sorge um die Zukunft ihrer gemeinsamen Heimat Friaul, eine Sorge, die beide in ihren literarischen Texten zum Ausdruck brachten, Turoldo geprägt von Religiosität, Pasolini geprägt von politischen Überlegungen.

Angesichts dieser Verbindung zwischen Turoldo und Pasolini muss jetzt ein Abstecher in das von Codroipo etwa 13 Kilometer entfernte **Casarsa** unternommen werden. **Pasolini** (1922–1975) hat in den 1940er Jahren in Casarsa gelebt, seine Mutter Susanna Colussi stammte aus diesem Ort. Sie heiratete hier auch 1921 den Infanterieleutnant Carlo Alberto Pasolini. Aber die Familie wechselte in der Folge sehr oft ihren Aufenthaltsort und so kam Pier Paolo 1922 in Bologna zur Welt. Doch Casarsa blieb ein Fixpunkt.

Das Schuljahr 1928/29 verbrachte Pasolini hier und ab 1933 kehrte seine Mutter mit ihm und seinem jüngeren Bruder Guido Alberto immer wieder in den Sommerferien nach Casarsa zurück. Im Sommer 1943 zog Susanna aus Angst vor den Bombenangriffen auf Bologna mit den beiden Söhnen wieder dauerhaft in ihr Elternhaus.

Diese Casa Colussi ist heute das **Centro Studi Pier Paolo Pasolini**. Dort sind in einem Museumsbereich einige Originalmöbel der Familie, Zeichnungen, Dokumente, Fotos, Texte über den Filmemacher und Schriftsteller sowie Manuskripte

Pasolini-Portrait von Ivana Burello

ausgestellt. Zum Beispiel die „Poesie di Casarsa" aus dem Jahr 1942. Als er sie schreibt, ist Pasolini gerade eben zwanzig Jahre alt. Er hat für sich die Schönheit des in Casarsa gesprochenen Friulans entdeckt. Um die friulanische Sprache aufzuwerten, gründet Pasolini auch die Academiuta di lenga furlana. In dieser kleinen „Akademie der friulanischen Sprache" findet sich eine Gruppe gleichgesinnter junger Dichter zusammen. 1944 gibt Pasolini die Zeitschrift „Il Stroligut" heraus, mit Texten in casarsesischem Friulanisch über Alltagsgeschehen ebenso wie über kulturelle Aktivitäten.

Im selben Jahr, dem Höhepunkt des Krieges, verlassen Pasolini und seine Mutter die im Zentrum von Casarsa gelegene Casa Colussi. Sie ziehen in den Ortsteil Versuta, um den Bombenangriffen der Alliierten zu entgehen. Tatsächlich wird die Casa Colussi im März 1945 stark beschädigt. Pasolini ist da als Lehrer an der Schule des nahe gelegenen Ortes Valvasone tätig, aber auch als Sekretär der lokalen Kommunistischen Partei. Dieser Abschnitt seines Lebens endet im Eklat: Im Oktober 1949 wird er bezichtigt, sich an Minderjährigen vergangen zu haben. Er verliert seine Anstellung als Lehrer und noch vor Prozessbeginn wird er aus der Kommunistischen Partei ausgeschlossen.

Trotz des Freispruches im Prozess wird ihm die Stimmung in Casarsa unerträglich und er flieht gemeinsam mit seiner Mutter nach Rom. In den folgenden Jahren bis zu seiner Ermordung in Ostia bei Rom im Jahr 1975 kommt er nur noch fallweise zu kurzen Besuchen nach Casarsa, zum Beispiel 1969 mit der Sängerin Maria Callas, mit der er in der Lagune von Grado zu dieser Zeit Szenen für seinen Film „Medea" drehte.

Pier Paolo Pasolini pflegte das Casarsische, den Dialekt seines Heimatortes Casarsa, als „klangsymbolische Lyriksprache", wie es sein Dichterkollege Amedeo Giacomini formulierte, aber auch als politische Haltung gegen den Faschismus. Seine Gedichte im casarsischen Dialekt spiegeln ungemein dicht das Ursprüngliche von Landschaft und Menschen in den 1940er Jahren wider:

A fiesta a bat a glons
Il me país misdí.
Ma pai pras se silensi
Ch'a puarta la ciampana!
Sempri ché tu ti sos,
ciampana, e cun passión
jo i torni a la to vóus.
„il timp a no'l si móuf:
jot il ridi dai paris,
coma tai rams la ploja,
tai vuj dai so frutíns."

In meinem Dorf
läutet es festlich zu Mittag.
Hin auf die Wiesen!
Du bist immer dieselbe,
Glocke, und mit Bestürzung kehre ich
zu deiner Stimme zurück.
„Die Zeit steht still:
wie in den Ästen den Regen,
in den Augen der Kinder."

Zitiert aus: Pier Paolo Pasolini: Wie eine Viole in Casarsa. Friulanische Gedichte. Hrsg. von Amedeo Giacomini, Übersetzung von Anna-Maria Kanzian, Wieser Verlag, Klagenfurt 2003

Begraben ist Pasolini gemeinsam mit seiner Mutter auf dem Ortsfriedhof von Casarsa, etwa einen Kilometer nördlich des Zentrums in der Via Valvasone. Das Grab findet sich ein paar Schritte links neben dem Eingang. Es war sein Freund Padre Maria Turoldo, der am 6. November 1975 beim Begräbnis be-

Das Grab von Pier Paolo Pasolini und seiner Mutter in Casarsa

rührende Worte über Pasolinis Leben fand: „... das Leben eines armen Friulaners, allein, ohne Heimat und ohne Frieden ... er war so sehr auf Freundschaft bedacht, wie mein Friaul, so allein". (Aus Turoldos Predigt „Chiediamo scusa di esistere", zitiert nach www.centrostudipierpaolopasolinicasarsa.it/itinerario-pasoliniano/chiesa-di-santa-croce/lultimo-saluto/, Übersetzung G. Hopfmüller.)

Pier Paolos Bruder Guido, der 1945 als profriulanischer Partisan von slowenischen Partisanen nahe Cividale erschossen wurde, ist rechts vom Friedhofseingang in einem Gemeinschaftsgrab von Partisanen aus Casarsa bestattet.

## INFO

**Centro Studi Pier Paolo Pasolini**, Via Guido Alberto Pasolini 4, 33072 Casarsa della Delizia (PN), Tel.: +39 0434 870593, E-Mail über die Homepage www.centrostudipierpaolopasolinicasarsa.it

Wer eine ländliche Stimmung ähnlich der von Pasolini beschriebenen erleben will, kehrt nach **Codroipo** zurück und begibt sich zum **Molino di Bert**, der Mühle der Familie Zoratto. Sie liegt am südlichen Ortsrand von Codroipo in der Via Molini. Seit dem 15. Jahrhundert wird hier an der Roggia (dem Kanal) San Odorico Getreide und Mais gemahlen, bis heute mit alten Mühlsteinen auf ganz traditionelle Art. Das erhält dem Mehl Nährstoffe und Aroma, weil die Körner nicht so erhitzt werden wie in industriellen Mühlen. Aber nicht jeder Mais kommt hier zwischen die Steine, nur biologisch angebauter. Die Mühle ist als „biologisch" zertifiziert und Anziehungspunkt für all jene, denen höchste Qualität des Mehls und bester Geschmack der Polenta wichtig sind.

Die Zoratto-Mühle in Codroipo

Seit dem 18. Jahrhundert arbeitet die Familie Zoratto hier als „mugnai", als Müller. Juniorchef Christian Zoratto ist mit dem gleichen Eifer an der Arbeit wie sein Vater Umberto. Er erläutert in einem von Mehlstaub erfüllten Raum: „Diese Mühlen sind wunderbare alte Maschinen mit riesigen Mühlsteinen aus Granit, jeder etwa hundert Kilogramm schwer. Sie haben gusseiserne Zahnräder und handgefertigte Zähne aus Holz der Hainbuche." Zwei dieser Mühlen werden vom Wasser betrieben, eine mit Strom, daneben eine Maschine zum Schälen der Gerste und eine 1940 von ungarischen Technikern gebaute Mühle, die mit Zylindern arbeitet.

Christian beschreibt: „Entsprechend der Überlieferung vorangegangener Generationen wird ganz langsam gemahlen. Wir produzieren 100 Kilo Mehl pro Stunde, eine moderne Stein-Mühle dagegen 400 Kilo, eine industrielle Mühle mindestens 2.500 Kilo, da wird viel vom Keim zerstört."

In der Zoratto-Mühle wird noch eine andere Tradition weitergepflegt: das Hämmern des Stockfisches, des getrockneten Kabeljaus. Wenn ein Stockfisch von dem hydraulisch betriebenen, hölzernen Hammer mit bis zu 150 Schlägen pro Minute weichgeklopft wird, dann werden die Fasern beim Kochen viel zarter, denn sie nehmen mehr Wasser und auch die Gewürze besser auf. Es entsteht ein „baccalà" der Sonderklasse. „Wir sind die einzigen in Europa, die noch so den „stoccafisso" klopfen", betont Christian.

**INFO**

**Molino Zoratto**, Via Molini 70, 33030 Codroipo, Tel.: +39 0432 906143, E-Mail: mulinozoratto@gmail.com.

Christian Zoratto in der biologisch zertifizierten Mühle

Die Zoratto-Mühle liegt am Rand eines Wäldchens mit mancherlei Wasserläufen. Dieser **Parco delle Risorgive** ist eine angenehme Erholungszone und ungemein lehrreich noch dazu. Neben den schmalen Wegen in dieser grünen Oase sind rechts und links immer wieder Tümpel und Rinnsale zu sehen, bei denen aus dem Boden kleine Luftblasen aufsteigen. Es sind Quellen, ganz besondere Quellen, die Risorgive.

Sie entstehen, weil das Grundwasser, das durch den schottrigen Untergrund von den Bergen herunterkommt und sich ein bisschen oberirdisch, aber meist unterirdisch seine Bahnen sucht, nicht mehr durch den Boden kann. Denn der zuvor schottrige Boden wird hier lehmig und deshalb sehr schlecht durchlässig. Die Folge: Das Wasser wird nach oben gedrückt und taucht in unzähligen Quellen, eben den Risorgive, aus dem Untergrund auf. So kommt Wasser in den Tagliamento, so bilden sich viele andere kleine Flüsse.

Für Spaziergänger führen im Parco delle Risorgive Pfade in malerischen Schlingen die Wasserläufe entlang und Stege darüber hinweg. Viel junges Baum- und Buschwerk wächst rundum, aber auch uralte, zum Teil abgestorbene Bäume gruppieren sich in dem Gelände. Der Sturm im August 2017 hat viele der Baumriesen das Leben gekostet, doch es wird zügig aufgeforstet. Im Frühling ist die Vielfalt der Grüntöne unendlich, jeder Baum, jede Pflanze entlang der Bäche und auch die Gewächse im Wasser selbst haben ihre eigene, lebendige Färbung. Dazwischen drängen sich Farbkleckse wie die der Gelben Wasserlilien (Iris pseudacorus).

Der Parco delle Risorgive in Codroipo ...

... und seine vielfältige Flora

Der Park hat auch Trockenrasenflächen mit naturgemäß ganz anderer Flora. Wo im Sommer steppenartige Gräser wuchern, drängen sich im Frühling wilde Orchideen hervor, wie etwa das intensiv lilafarbene Kleine Knabenkraut (Orchis morio).

## INFO

Der **Parco delle Risorgive** ist im Süden von Codroipo zu finden, von der Via Circonvallazione Sud biegt man bei der Osteria Alle Risorgive in die Via delle Acacie ein und bald danach führt die Via Gradiscie zum Parkplatz, von dem aus der Spaziergang in den Parco (frei zugänglich das ganze Jahr) starten kann.

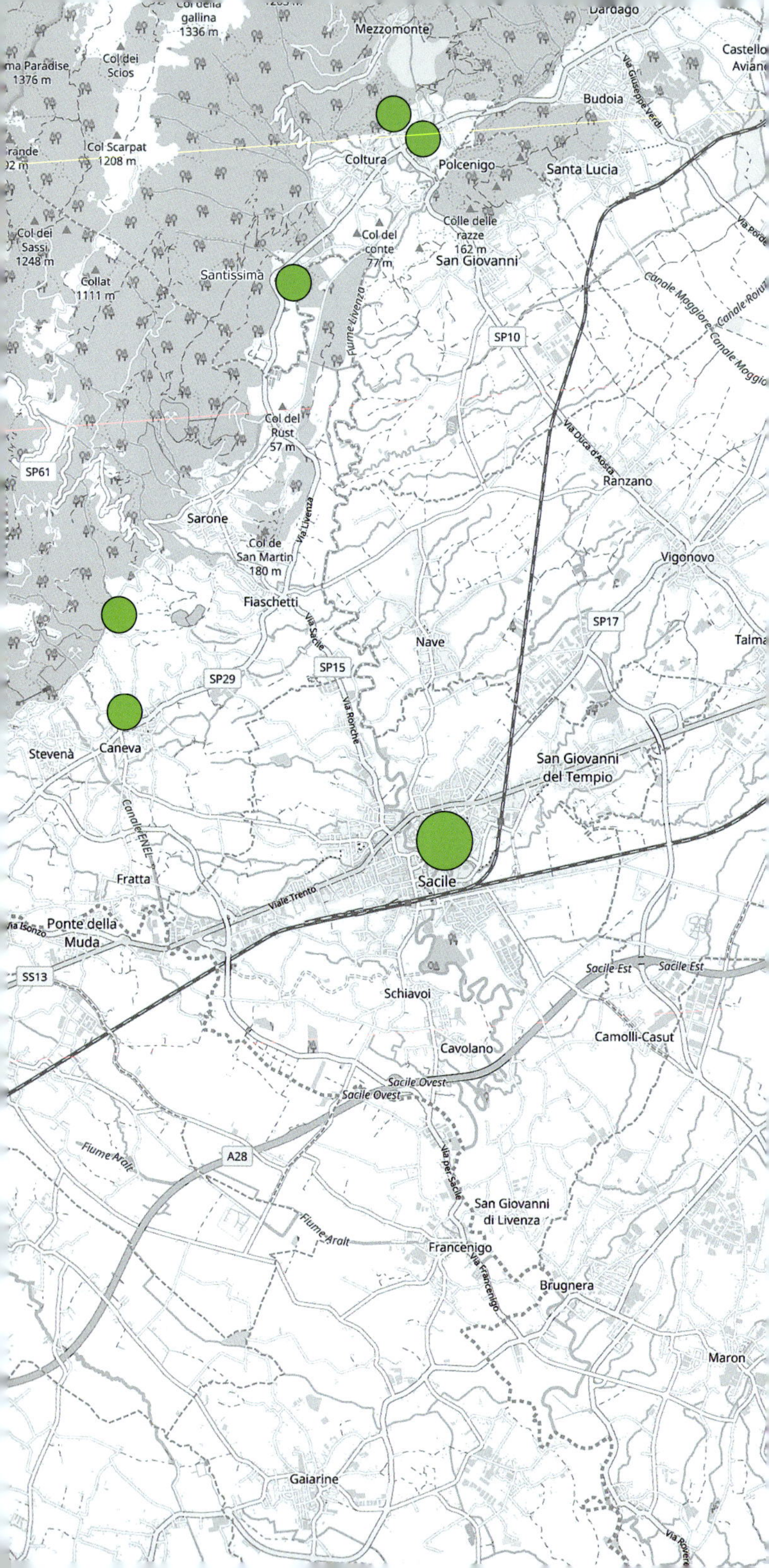

Col della gallina 1336 m
Mezzomonte
Dardago
Castello Aviano
Col dei Scios
Budoia
Via Giuseppe Verdi
Col Scarpat 1208 m
Coltura
Polcenigo
Santa Lucia
Col dei Sassi 1248 m
Col del conte 77 m
Colle delle razze 162 m
San Giovanni
Collat 1111 m
Santissima
Canale Maggiore
Fiume Livenza
SP10
Col del Rust 57 m
Via Duca d'Aosta
SP61
Ranzano
Sarone
Via Livenza
Col de San Martin 180 m
Vigonovo
Fiaschetti
SP17
Via Sacile
Nave
SP15
SP29
Via Ronche
Stevenà
Caneva
San Giovanni del Tempio
Canale ENEL
Sacile
Fratta
Viale Trento
Ponte della Muda
SS13
Schiavoi
Sacile Est
Camolli-Casut
Cavolano
Sacile Ovest
A28
Fiume Aralt
Via per Sacile
San Giovanni di Livenza
Francenigo
Via Francenigo
Brugnera
Maron
Gaiarine

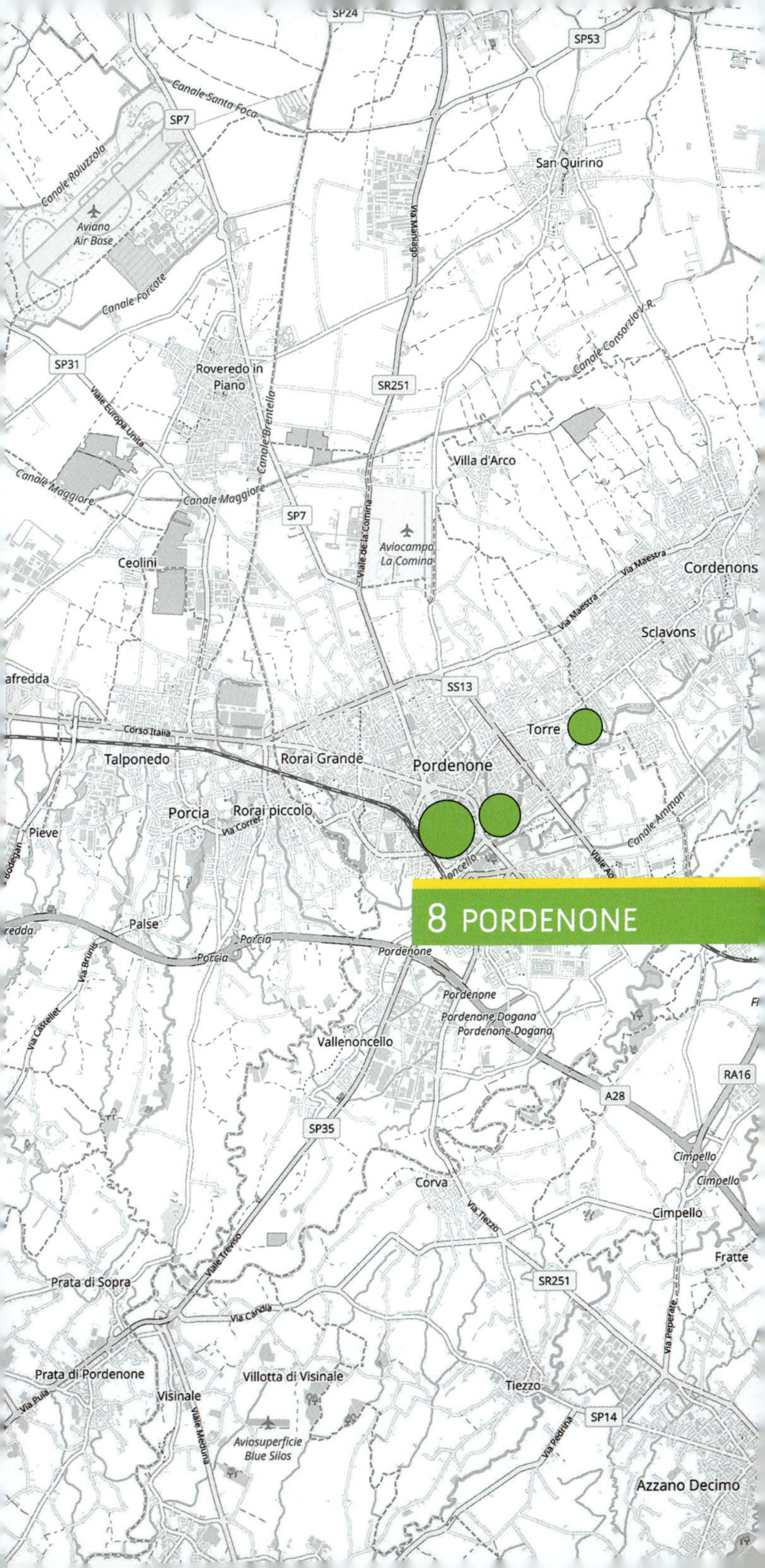
8 PORDENONE
SP24
SP53
Canale Santa Foca
SP7
San Quirino
Canale Roiuzzola
Aviano Air Base
Via Maniago
Canale Forcate
Canale Consorzio V.R.
SP31
Roveredo in Piano
SR251
Viale Europa Unita
Canale Brentella
Villa d'Arco
Canale Maggiore
Canale Maggiore
SP7
Viale de la Comina
Aviocampo La Comina
Ceolini
Via Maestra
Via Maestra
Cordenons
Sclavons
SS13
Corso Italia
Torre
Talponedo
Rorai Grande
Pordenone
Porcia
Rorai piccolo
Via Correr
Pieve
Canale Amman
Palse
Porcia
Porcia
Pordenone
Via Bruna
Pordenone
Pordenone Dogana
Pordenone Dogana
Via Casteller
Vallenoncello
RA16
A28
SP35
Cimpello
Cimpello
Corva
Via Tiezzo
Cimpello
Viale Treviso
Fratte
Prata di Sopra
SR251
Via Candia
Via Peperate
Prata di Pordenone
Villotta di Visinale
Visinale
Via Pula
Viale Meduna
Tiezzo
SP14
Via Pedrina
Aviosuperficie Blue Silos
Azzano Decimo

# 8 Die Provinz Pordenone:

Lebendig und wohlhabend – so präsentiert sich die Stadt Pordenone. Aus dem römischen Portus Naonis, dem Hafen am Fluss Noncello, ist im 21. Jahrhundert eine attraktive Provinzhauptstadt geworden, in der hübsche Geschäfte und interessante Museen, feine Trattorien und reizvolle Caffès locken.

**Pordenone** lebt seine Verbundenheit zum nahen Venetien seit je genauso wie seine ganz eigenständige Ausprägung friulanischer Lebensart am Fuß der Berge. Auch Pordenone hatte seine römische und langobardische Zeit, unterstand Feudalherren aus Padua, Bayern, Kärnten und den Babenbergern, war in österreichischem Besitz, aber Venedigs Präsenz war besonders nachhaltig. Die Häuser entlang des **Corso Vittorio Emanuele II.** mit ihren Arkaden, die trotz aller Unterschied-

## Einfach unwiderstehlich!

lichkeit zu einem Gang verschmelzen, spiegeln die historische Buntheit der Stadt wider.

Zahlreiche Palazzi aus verschiedenen Jahrhunderten erzählen von der Geschichte der Stadt. Aber dominiert wird das Zentrum vom **Palazzo Comunale**, dem Rathaus, am südlichen Ende des Corso samt jenem Erkennungsmerkmal, das jedem sofort ins Auge sticht: Dem gotischen Gebäude wurde im 16. Jahrhundert ein Turmbau vorgesetzt, dessen oberer Abschluss dem Orologio, dem Uhrturm am Markusplatz in Venedig, nachempfunden ist.

Vor diesem Palazzo Comunale steht eine Bronzefigur mit Farbpalette und Staffelei: Giovanni Antonio De Sacchis (1483 oder

Das Rathaus von Pordenone

1484 bis 1539), als Maler **Il Pordenone** genannt, ist wohl einer der berühmtesten Söhne der Stadt. Er war in der ersten Hälfte des 16. Jahrhunderts einer der renommiertesten Künstler in Friaul, in Venetien und weit darüber hinaus.

Seine Werke sind uns ja in anderen Kapiteln dieses Buches bereits begegnet (beim Orgelgehäuse in Valvasone oder dem Altarbild in Varmo zum Beispiel). Hier in seiner Geburtsstadt sind seine Gemälde natürlich besonders zahlreich vertreten, zum Beispiel im **Dom San Marco**, der sich mit seinem besonders schönen, 72 Meter hohen Campanile hinter dem Palazzo Comunale erhebt.

In der ersten Seitenkapelle rechts leuchtet das Altarbild „Mater Misericordiae" (1515–1518) in den kräftigen Farben, für die Pordenone ebenso bekannt war wie für seine körperbetonten Figuren und die zarten Landschaften, die er zu viel-

Der Corso Vittorio Emanuele ist das Herz von Pordenone.

Die Bronzestatue des Malers Pordenone vor dem Rathaus

schichtigen Kompositionen verknüpfte. Dass Pordenone den venezianischen Maler Giorgione (1478–1510) verehrte, ist hier deutlich erkennbar. Das Hochaltarbild mit dem heiligen Markus (1533–1535) zeigt Pordenones hohe Kunst genauso, auch wenn es von den marmornen Altaraufbauten teilweise verdeckt ist. Kraftvolle Einzelfiguren schmücken den rechten

Uhrturm am Rathaus, dem Orologio in Venedig nachempfunden

Das Rochus-Fresko im Dom kann ein Pordenone-Selbstportrait sein.

Kuppelpfeiler, eine Madonna, ein heiliger Erasmus und ein heiliger Rochus, der von manchen Kunsthistorikern als Selbstbildnis Pordenones gesehen wird.

Wo Pordenones Werke zu finden sind, sind meist Arbeiten seines Schülers und Schwiegersohns **Pomponio Amalteo** (1505–1588) nicht weit, so auch hier im Dom. In der Cappella Mantica rechts vorne nahe dem Querschiff dominiert das Altarbild „Ruhe auf der Flucht in Ägypten“, das Amalteo 1565 gemalt hat. Trotz der unterschiedlichen Stilistik entsteht Harmonie zwischen diesem Bild und den etwa zehn Jahre

Der Stiegenaufgang im Palazzo Ricchieri

zuvor gemalten darüber liegenden Gewölbefresken mit Szenen des Marienlebens von Giovanni Maria Zaffoni, genannt „Il Calderari".

Natürlich sind Werke Pordenones aus verschiedenen Schaffensphasen auch im **Museo Civico d'Arte** im Palazzo Ricchieri schräg gegenüber dem Palazzo Comunale ausgestellt. Kraftvolle Figuren formen hier etwa die Komposition „Der heilige Gotthard mit den Heiligen Sebastian und Rochus" (1525–1527). Der Rochus hier ist übrigens dem auf dem Pfeilerfresko im Dom, in dem ein Pordenone-Selbstportrait vermutet wird, gar nicht unähnlich – trotz der unterschiedlichen Gewandung. Von diesen Gesichtszügen beeinflusst ist zweifellos auch die marmorne Büste aus dem 19. Jahrhundert am Stiegenaufgang des Palazzo, die Pordenone zeigt.

Spannend ist darüber hinaus der **Palazzo Ricchieri** an sich, denn er steht für die Geschichte einer der im Mittelalter mächtigsten Familien der Stadt. Die Ricchieri sind in Pordenone seit dem 14. Jahrhundert präsent, sie wurden als Händler reich und mächtig und erhielten verschiedene Adelstitel.

Die Familie und der Palazzo waren im Mittelalter aber auch mit einem Geschehen verbunden, das alles Zeug zum Krimi hat: Daniele D'Ungrispach (1344–1411) stammte aus Cormons im östlichen Friaul, zog nach Pordenone und heiratete dort mit nur 16 Jahren Orsina Ricchieri. Er lebte mit ihr und der gemeinsamen Tochter als erfolgreicher Kaufmann im Palazzo der Familie Ricchieri. Doch Daniele verließ seine Familie, um sein Leben intensiver Spiritualität zu widmen. Er zog in eine Zelle im Kloster San Matteo in Murano. Eines Nachts im Jahr 1411 wurde er dort von Unbekannten erwürgt. Sie hatten wohl Wertgegenstände bei dem Kaufmann vermutet. Die Mönche begruben ihn, doch 24 Jahre später – so sagt die Legende – wurde bemerkt, dass sein Körper nicht verweste. Heute ruht er in einem Glassarg in einer Seitenkapelle der Basilika Santi Maria e Donato in Murano. Der Kult um ihn ist lebendig, nicht nur in Murano. Zu seinem 600. Todestag wurde dem „Beato Daniele D'Ungrispach" in Pordenone an der Seitenfront des Palazzo Ricchieri eine Gedenktafel gewidmet.

## INFO

**Museo Civico d'Arte Palazzo Ricchieri**, Corso Vittorio Emanuele II. 51, 33170 Pordenone, Tel.: +39 0434 392935, E-Mail: museo.arte@comune.pordenone.it, www.comune.pordenone.it/museoarte

In den verschiedenen Jahrhunderten entwickelten sich in und um Pordenone verschiedene wirtschaftliche Schwerpunkte: nach dem Zweiten Weltkrieg besonders die Erzeugung von Haushaltsgeräten (z. B. Zanussi) und Elektronik, zuvor im 19. Jahrhundert die Textil- und Keramikproduktion.

Es war die Industriellenfamilie Galvani, die hier Besonderes leistete. **Galvani-Keramik** mit dem Hahn als Marke war von der Gründung 1811 bis zur Schließung in den 1970er Jahren sehr beliebt, sowohl die traditionellen, oft mit Blüten verzierten Gegenstände als auch die innovativen, für deren Entwürfe in den ersten Jahrzehnten des 20. Jahrhunderts Künstler wie der Futurist Giacomo Balla gewonnen wurden. In den 1920er und 1930er Jahren wurde Galvani-Keramik nicht nur in verschiedene europäische Länder exportiert, sondern auch nach Amerika und Afrika. Der Produktionsrückgang im Zweiten Weltkrieg war danach dank erfolgreicher Serienproduktion rasch wieder vergessen. Doch dann wurden Konkurrenz und ein Ignorieren des immer rascheren Fortschritts dem Unternehmen

Keramik der Firma Galvani aus Pordenone

Die ehemalige Galvani-Villa – heute die Galleria d'Arte Moderna

zum Verhängnis. Jedenfalls hatte die Unternehmerfamilie Galvani über viele Jahrzehnte maßgeblichen Anteil daran, dass Pordenone den Beinamen „das Manchester Friauls" bekam.

Heute trägt der **Parco Galvani** nahe dem Stadtzentrum am Viale Dante zur Erinnerung den Namen der Familie. Er liegt rund um eine Villa aus dem 18. Jahrhundert im venezianischen Stil, die ein Wohnsitz der Galvanis war und heute die **Galleria d'Arte Moderna e Contemporanea (PArCo)** beherbergt. Daneben sind die Ausstellungsräume von **PArCo2** als Ergänzung geschaffen worden, ein Projekt des international renommierten, deutschen Architekten Thomas Herzog. Der Park hat ein zur Zeit der Rosenblüte buntes und duftendes Herzstück: Das **Museo Itinerario della Rosa Antica** / Museum der antiken Rose. Mehr als 200 Rosenarten, zum Teil echte Raritäten, sind hier so gepflanzt, dass sich Geschichte und Stammbaum der Sorten nachvollziehen lassen.

So wie der Parco Galvani unvollständig wäre ohne seinen von Quellen gefüllten Teich, so ist Pordenone insgesamt undenkbar ohne den Fluss Noncello. Die Pordenoneser lieben ihren **Parco Fluviale**, den Park am Fluss, rund um die Brücke, die **Ponte di Adamo ed Eva** genannt wird, obwohl die Skulpturen davor Jupiter und Juno darstellen.

Der Ponte di Adamo ed Eva über den Fluss Noncello

**INFO**

**PArCo – Galleria d'Arte Moderna e Contemporanea „Armando Pizzinato"**, Viale Dante 33, 33170 Pordenone, Tel.: +39 0434 523780, E-Mail: info@artemodernapordenone.it, www.artemodernapordenone.it

Etwa drei Kilometer nördlich des Stadtzentrums liegt direkt am Noncello das **Castello di Torre**. Das Castello ist seit dem Beginn des 14. Jahrhunderts nachgewiesen und wurde von einem simplen Wehrturm im Lauf der Jahrhunderte durch Zu- und Umbauten zu einem Adelssitz. Der letzte Nachfahre der Besitzerfamilie, Conte Giuseppe Di Ragogna, liebte die Archäologie, nicht nur wegen der in den 1950er Jahren am Fluss entdeckten Reste einer **römischen Villa**.

Er hat das Castello samt seinen archäologischen Sammlungen 1970 testamentarisch der Gemeinde vermacht, so entstand das **Museo Archeologico del Friuli Occidentale**, das archäologische Museum des westlichen Friaul. Im Erdgeschoss, gleich hinter dem Eingangsraum, lohnt sich ein Blick auf Deckenmalereien der Sala delle Vittorie, den Saal der Siege, die erstaunlicherweise die Belagerung von Wien durch die Türken 1683 samt den involvierten Heerführern zeigen: Kaiser Leopold I. von Habsburg, den polnischen König Johann Sobieski, Herzog Karl V. von Lothringen und den jungen Prinzen Eugen von Savoyen. Das Gemälde muss wohl als Erinnerung an die Teilnahme eines Mitglieds der Familie Ragogna an diesem Krieg entstanden sein.

**INFO**

**Museo Archeologico del Friuli Occidentale**, Via Vittorio Veneto 19–21, 33170 Torre di Pordenone, Tel.: +39 0434 541433, +39 0434 541412, E-Mail: castellotorre.pn@libero.it, http://museoarcheologico.comune.pordenone.it

Das Archäologische Museum in Torre di Pordenone ...

... mit Deckenmalereien in der Sala delle Vittorie

## TIPP

Die Türkenbelagerung von 1683 spielt für eine weitere Persönlichkeit dieser Gegend eine maßgebliche Rolle. Im Ort Aviano, etwa 18 km nördlich von Pordenone, wurde 1631 der Adelige Carlo Cristofori geboren, besser bekannt unter dem Namen, den er als Kapuzinermönch und Prediger angenommen hatte: **Marco D'Aviano**. Er wird auch „Retter von Wien" genannt, denn er war es, der als päpstlicher Delegierter und persönlicher Seelsorger Kaiser Leopolds I. Herzog Karl V. von Lothringen überredete, den Oberbefehl des Entsatzheeres dem polnischen König Johann Sobieski zu überlassen. Am Leopoldsberg zelebrierte Marco D'Aviano vor der Entscheidungsschlacht eine Messe, die als mitentscheidend für den Sieg über die Türken empfunden wurde. Beigesetzt ist er in der Kapuzinerkirche in Wien.

Unter den zahlreichen Ausstellungsstücken des archäologischen Museums fallen nicht nur die aus den Grabungen der nahen römischen Villa auf, sondern besonders auch jene prä-

Prähistorische Pfeilspitzen im Museum von Torre

Die Sorgente del Gorgazzo ist eine Quelle des Flusses Livenza.

historischen aus dem Palù di Livenza. In diesem Feuchtgebiet des Flusses Livenza, nordwestlich von Pordenone zwischen Polcenigo und Caneva gelegen, wurden Reste von **Pfahlbauten aus dem Altpaläolithikum** (circa 5000 v Chr.) gefunden. Viele Kleinfunde zeugen im Museum vom Leben damals, steinerne Pfeilspitzen, Reste von Keramiktöpfen oder ein hölzernes Ruderblatt, das der Sumpf konserviert hatte.

Seit 2011 ist der **Palù di Livenza** UNESCO-Weltkulturerbe. Dass die Gegend auch ein beliebtes Ausflugsziel ist, wundert niemanden. Die Strada Provinciale 29 führt zunächst nach Polcenigo, wo sich zur Einstimmung auf die malerischen Wasserlandschaften der Gegend ein Stopp bei der **Sorgente del Gorgazzo** empfiehlt. Klar und intensiv türkisblau präsentiert sich das Wasser dieser Quelle. „Gorgazzo" bedeutet „Schlund", denn genaugenommen quillt das Wasser bei einer tiefen, trichterförmigen Karsthöhle aus dem Felsen.

Das Fest der Körbe in Polcenigo

Gorgazzo ist eine der drei Livenza-Quellen. Ehe die bekannteste, die Santissima-Quelle, angesteuert wird, lohnt ein intensiver Blick auf das historische Zentrum von **Polcenigo** mit der mittelalterlichen Schlossruine und dem malerischen Palazzo Salice-Scolari, von dessen Garten man oben am Hügel die beste Aussicht auf den Ort hat.

### TIPP

Immer am ersten Wochenende im September steht Polcenigo im Zeichen der **Sagra dei Sest,** des Festes der Körbe. Und das seit mehr als 300 Jahren. Die Korbflechterei hat in der Gegend eine besondere Tradition.

Schöne Korbwaren sind bei den Marktständen zu erwerben, die Korbflechter lassen sich gerne bei der Arbeit zusehen. Eine lehrreiche Sache. Wer weiß sonst schon, dass aus dunklen Weidenzweigen einst Körbe für grobe Arbeiten geflochten wurden und die aus hellen Zweigen zum Beispiel für die Wäsche bestimmt waren?

**Pro Loco Polcenigo,** Piazza Plebiscito, 33070 Polcenigo (PN), Tel.: +39 335 386891, E-Mail: info@prolocopolcenigo.com, www.prolocopolcenigo.com

Die zweite Quelle der Livenza liegt wenige Kilometer Richtung Süden neben der Straße SP 29 bei der der Heiligen Dreifaltigkeit geweihten **Wallfahrtskirche Santissima Trinità**.

Dort ist auch der Zugang zum Palù di Livenza. Spazierwege führen durch dieses malerische Schwemmland, dorthin, wo die Livenza aus dem Gestein quillt, aber auch ein Stück flussabwärts. Der Palù erstreckt sich insgesamt über eine weite Senke. Wenn an einem späten Nachmittag im Frühling oder im Herbst die schrägen Sonnenstrahlen Fotografier-Licht

Der Palù di Livenza mit der Kirche Santissima Trinità

La Santissima ist die zweite der drei Livenza-Quellen.

erzeugen, lohnen besonders ausgiebige Spaziergänge. Glasklares Wasser gibt den Blick auf den Grund des Flusses frei. Und auch wenn von den prähistorischen Pfahlbauten (außer den Informationstafeln beim Parkplatz und bei der Kirche) nichts zu sehen ist, kann man sich in dieser urtümlichen Umgebung die Begeisterung der Wissenschaftler gut vorstellen, als sie erkannten, hier auf eine der ältesten Pfahlbauanlagen Italiens gestoßen zu sein: eine steinzeitliche Siedlung von beachtlichen Dimensionen, etwa 5.000 Jahre vor Christus gebaut, an den Ufern eines Sees an der Stelle des heutigen Feuchtgebietes.

In den 1960er Jahren begannen die Grabungen und Trockenlegungen. Fundstücke sind – wie erwähnt – im archäologischen Museum in Torre di Pordenone ausgestellt.

Die dritte, weniger intensiv besuchte Livenza-Quelle Molinetto liegt ebenfalls an der SP 29, nur etwa einen Kilometer weiter in Richtung Caneva.

**INFO**

**Soprintendenza per i Beni Archeologici per il Friuli Venezia Giulia**, Comune di Polcenigo, Piazza Plebiscito 1, 33070 Polcenigo (PN), Tel.: +39 0434 74001, www.comune.polcenigo.pn.it

**Comune di Caneva**, Piazza Martiri Garibaldini 8, 33070 Caneva (PN), Tel.: +39 0434 797411, www.comune.caneva.pn.it

**Consorzio del Figomoro**, Via L. Cadorna 7, 33070 Caneva (PN), Tel.: +39 333 2399111, E-Mail: info@figomoro.it, www.figomoro.it

Auch in **Caneva** gibt es Spuren von Siedlungen aus dem Neolithikum. Aber hier wollen wir unsere Aufmerksamkeit auf eine Frucht richten, die es nur hier gibt: Es handelt sich um eine ganz besondere Feigenart, eine dunkle Feige, die nicht einfach „figo nero", schwarze Feige, genannt wird, sondern **„figo moro"**. Sie hat kleine, dunkle Früchte, die viel süßer und intensiver im Geschmack sind als andere Feigenarten und, wie Analysen ergeben haben, besonders reich an gesundheitsfördernden Inhaltsstoffen. Ein erwachsener Baum liefert zwischen dreißig und sechzig Kilogramm Feigen. Schon im 14. Jahrhundert ist diese schwarze Feige als Besonderheit von Caneva in Dokumenten erwähnt, auf venezianischen Schiffen wurde sie bereits getrocknet als Nahrungsmittel mitgeführt, die frischen Früchte erfreuten den Adel. Heute ist „FigoMoro" auch ein Markenzeichen, um das sich das Consorzio del Figomoro mit seinen 15 Mitgliedern bemüht.

Frisch gegessen, zum Beispiel mit Schinken oder Salami, oder zu Marmelade verarbeitet – der Figo Moro da Caneva ist in jedem Fall ein ganz spezieller Genuss. Die Feigenbäume mit ihren kurzen Stämmen und den vielen Ästen wachsen in und um Caneva auf den Hängen, in den Gärten und Weingärten. Etliche sind zu sehen am Weg links vorbei an der markanten **Kirche San Tomaso** entlang der schmalen Straße, die hinauf führt zum **Castello di Caneva** auf den Hügel Col del Fer.

Das Castello di Caneva

Von dem Castello, das wie so viele Burgen für friulanische Adels- und Patriarchengeschichte ab dem 11. Jahrhundert steht und einst eine wichtige strategische Funktion hatte, sind nur noch Reste erhalten. Doch der Blick hinunter auf die Weite der Ebene lohnt den Aufstieg allemal – zu Fuß ab dem Parkplatz etwas oberhalb des Agriturismo al Pisoler (Via Castello 7/a). Bei klarem Wetter ist in der Ferne auch die Silhouette der Türme des etwa sechs Kilometer entfernten Sacile zu erkennen, zweifellos eines der stimmungsvollsten Städtchen Friauls.

Dabei ist **Sacile** in seiner Anmutung ausgesprochen venezianisch, und das nicht nur, weil die Altstadt malerisch von einer Schlinge der Livenza eingefasst ist und sich von den Brücken über das Wasser reizvolle Perspektiven auf Häuser, Kirchen und grün schimmernde Trauerweiden öffnen. Die Tourismusverantwortlichen operieren gerne mit Beschreibungen wie „Klein-Venedig“ oder „Garten der Serenissima“. Schließlich war Sacile in der Vergangenheit stets ein beliebter Aufenthaltsort für den venezianischen Adel. Als „porta ovest del Friuli“, also als westliches Tor zu Friaul, war die Stadt immer stark an Venedig orientiert, auch als wichtiger Flusshafen. Schon 1190 schuf ein eigenes, freies Stadtrecht, ein „privilegio di borghesia“ (übrigens das erste in Friaul), die Basis für freien Warenhandel und damit großen Wohlstand.

Der **Palazzo Ragazzoni** am Viale Zancanaro, der zur zentralen Piazza del Popolo führt, ist bis heute ein Symbol für die Bedeutung des Handels in dieser Stadt, denn er war Wohnsitz der mächtigen, venezianischen Kaufmannsfamilie Ragazzoni. Vor allem Giacomo Ragazzoni und sein Bruder Placido pflegten im 16. Jahrhundert Kontakte mit der Crème de

Durch Sacile zieht der Fluss Livenza seine Schlingen.

Die Fresken im Salone d'Onore des Palazzo Ragazzoni

la Crème der europäischen Adelshäuser, was den kaufmännischen Erfolgen zweifellos mehr als zuträglich war und sich auch in Exklusivrechten für Handel mit Getreide niederschlug.

Ein Freskenzyklus im „salone d'onore" des Palazzo, dem Veronese-Schüler Francesco Montemezzano (1540–1602) zugeschrieben, gibt Zeugnis von bedeutsamen Geschehnissen im Leben der Ragazzoni-Brüder: Szenen mit Maria Tudor, Philipp II. von Spanien, Heinrich III. von Frankreich, Maria von Österreich, dem Dogen Sebastiano Venier und dem Großwesir von Konstantinopel Sokollu Mehmet Pascha sollen die Bedeutung der Ragazzoni zeigen.

Wie viele Palazzi in Sacile hatte auch der Palazzo Ragazzoni einen Eingang von der Wasserseite. Warentransporte wurden

Ein ehemaliger Eingang zum Palazzo Ragazzoni vom Wasser her

Überaus beliebt sind Kanufahrten auf der Livenza in Sacile.

ja vielfach auf der Livenza durchgeführt. Sacile vom Wasser aus zu betrachten, ist heute in geführten Kanu-Fahrten möglich, wobei sich der ganz eigene Charme der Stadt besonders schön erschließt, auch mit Blick auf die **Chiesetta della Pietà**, einem der Wahrzeichen von Sacile.

Die Skulptur „Der Fisch, der mit dem Kind spielt" an der Livenza

Gleich beim Ponte della Vittoria, der Verlängerung der Piazza del Popolo, sitzt am Wasser eine steinerne Figur des Bildhauers Giorgio Igne (geboren 1934). Sie wird **„Il pesce che gioca con il bambino"** / „Der Fisch, der mit dem Kind spielt" genannt. Die Sacilesen beobachten die Figur genau: Beginnt das Wasser die Füße des Kindes zu umspülen, steigt die Hochwassergefahr. Was vom **Campanile des Domes** aus weniger rasch auszumachen ist. Dafür ist die Aussicht auf die Stadt und die Ebene grandios.

Gegenüber dem Campanile und dem Dom steht jenes Haus, in dem **Pier Paolo Pasolini** einige Jahre seiner Kindheit verbracht hat, von 1929 bis 1932. Eine Bronzetafel an der Seitenfassade des Gebäudes erinnert daran. Pasolinis Vater war Offizier und diente in dieser Zeit in einer Kaserne in Sacile. Etliche von Pasolinis Texten nehmen Bezug auf diese Zeit und präsent ist auch sein Zitat: „Io non ho cominciato a scrivere versi con Le Ceneri di Gramsci, ho cominciato molto prima ed esattamente nel 1929 a Sacile, quando avevo sette anni appena compiuti, e frequentavo la seconda elementare." / „Ich habe nicht mit den ‚Le Ceneri di Gramsci' angefangen Verse zu schreiben, ich habe viel früher angefangen, genaugenommen 1929 in Sacile, als ich kaum sieben Jahre alt war und in die zweite Volksschulklasse ging." (Das Gedicht „Le Ceneri di Gramsci" / „Gramscis Asche" ist 1957 erstmals erschienen.)

Der Dom von Sacile mit Fresken von Pino Casarini

Berühmt ist der Vogelmarkt Sagra dei Osei.

Als Pasolini 1946 schon in Casarsa unterrichtete und sich die ersten Sporen als Schriftsteller erarbeitete, realisierte in der Apsis und am Triumphbogen des Doms von Sacile **Pino Casarini** (1897–1972) einen Freskenzyklus. Als einer der renommiertesten Freskenkünstler des 20. Jahrhunderts in Italien war der in Verona geborene Casarini eine rare Erscheinung. Viele seiner Werke sind schräg gegenüber dem Dom in der **Galleria d'Arte Moderna** im Palazzo Carli ausgestellt.

Die Piazza del Popolo mit dem Blumenmarkt im Frühling

## TIPP

Manchmal zwitschert es in Sacile ganz gehörig. Das ist am ersten Sonntag nach dem 15. August so. Denn da findet die **Sagra dei Osei**, das Fest der Vögel, statt. Und zwar schon seit dem Jahr 1274! Eines der ältesten Volksfeste Italiens, die „größte nationale Ausstellung von Sing-, Käfig- und Ziervögeln", wie es so schön heißt, die viele zum Bewundern und auch zum Kaufen hierher führt. Im Mittelalter diente dieser Vogelmarkt dazu, der ländlichen Bevölkerung durch den Verkauf von gefangenen Singvögeln zusätzliches Einkommen zu ermöglichen. Heute – so betonen die Veranstalter – kommen nur gezüchtete Vögel hier auf den Markt. Doch auch andere Haustiere werden angeboten. Vielbeklatschte Wettbewerbe der Singvögel und von Vogelstimmenimitatoren gehören dazu.

Einen kleinen Vorgeschmack auf die sommerliche Sagra dei Osei bietet die **Fiera primaverile degli Uccelli**, die Frühlingsvogelmesse, die gemeinsam mit einem umfangreichen Blumen- und Pflanzenmarkt am ersten Sonntag nach Ostern die Altstadt von Sacile mit unzähligen Besuchern füllt. „Da non perdere!", sagen die Friulaner, soll heißen: „Das darf man nicht versäumen!", auch wenn einem die freifliegenden Vögel lieber sind als die in Käfigen.

Informationen, auch zum Buchen von Stadtführungen und Kanufahrten:
**Tourismusbüro IAT Sacile**, Via Mazzini 11, 33077 Sacile (PN),
Tel.: +39 0434 737292, E-Mail: turismosacile@altolivenza.eu
oder info@visitsacile.it, www.visitsacile.it

Cimolais
Erto
Casso
Claut
Pinedo
Provagna
SR251
San Martino
Lamosano
Casan
Arsié
Pieve d'Alpago
Chies d'Alpago
Belluno
Tignes
SP422
Puos d'Alpago
Cornei
Bastia
Tambre
Farra d'Alpago
Lago di Santa Croce
Piancavallo
SP423
SP422
Foresta regionale del Cansiglio
Dardago
Mezzomonte
Budoia
A27
Coltura
Santa Lucia
Polcenigo
San Giovanni
Osigo
SP10
Fregona
Montaner
Ranzano
Fratte
Sarone
Vigonovo
Anzano
Fiaschetti

9 STEPPE & BERGE
Tramonti di Sopra
Tramonti di Sotto
SR552
Meduno
Sottomonte
Frisanco
Ciago
Toppo
Andreis
Cavasso Nuovo
Fanna
Orgnese
Meduna
Solimbergo
SR464
Maniagolibero
Maniago
Colle
Sequals
Montereale Valcellina
Grizzo
Vajont
Malnisio
Arba
SP36
SP27
Giais
Cellina
P29
SP19
San Leonardo Valcellina
Basaidella
San Martino di Campagna
Meduna
Vivaro
SR177
San Foca
SP53
Rauscedo
SR251
San Quirino
SP7
Domanins
Roveredo in Piano
Villa d'Arco
SP51
Arzene
Ceolini
Aviocampo La Comina
Cordenons
Murlis
SP6

# 9 Von der Steppe in die Berge

Die Provinz Pordenone hat eine eigene Steppe. Tatsächlich! Eine Ebene nordöstlich der Stadt, **Magredi** genannt, zu Füßen der Berge, eingefasst von den trockenen Schotterbetten der Flüsse Cellina und Meduna, etwa 43.000 Hektar zwischen den Gemeinden Vivaro, Cordenons, San Quirino und Maniago, teils völlig kahl, teils mit raren Pflanzenarten bewachsen, bewohnt von ebenso speziellen Tierpopulationen. Teils sind es spezielle Schutzzonen (Zone Speciali di Conservazione als Teil des europäischen Netzes von Natura-2000-Schutzgebieten), zu einem großen Teil aber auch intensiv landwirtschaftlich genutzte Flächen, Wein-, Obst und auch Spargelanbau inklusive.

Von der Luft aus betrachtet ist Friaul nicht nur vom weiß-schottrigen Tagliamento-Bett durchzogen, sondern auch von einem ebenso hellen V, das die Schotterbetten von Cellina und Meduna bis zu ihrem Zusammentreffen in die Landschaft zeichnen. Wobei die beiden Flüsse nur bei heftigen Regenfällen wirklich Wasser führen. Da reißen sie durchaus fallweise die Schotterstraßen weg, die als Furt durch die Flussbetten führen. Im Normalfall schwindet alles Wasser am Beginn der Ebene sofort in den durchlässigen Schotterboden. Solche streckenweise versickernden Flüsse werden „torrenti" genannt. Für den Namen Magredi existieren verschiedene Erklärungen: zum einen die Herleitung vom Wort „magro" als

Die mageren Böden der Magredi

Hinweis auf die mageren Böden, zum anderen von „magus ritus“, das bedeutet Schwemmland zwischen den Flüssen.

Für den Weg von Pordenone nach Maniago durch die Magredi empfiehlt sich zunächst ein Stopp in **Cordenons** und dem östlich vom Ortszentrum gelegenen Teil der „mageren Wiesen“: Die Via Martiri della Libertà entlang bis zur Motocrossstrecke, vor dieser biegt man links ab in einen Feldweg und gelangt entlang an Weingärten zu einem Platz, an dem ein Schild auf die Magredi hinweist. Es ist eindrucksvoll, wie da im Frühjahr zwischen Steinen und Moos bunte Blüten sprießen, lauter rare Arten: Die hellblaue Herzblättrige Kugelblume (Globularia cordifolia) zum Beispiel, eine gelbe Art des Stängelkohls (Brassica glabrescens), die nur in den Magredi vorkommt, oder die lilafarbene wilde Levkoje (Matthiola fruticulosa). Es ist leicht zu verstehen, warum Einheimische sagen: „Als ob die Steine Blüten tragen!“

## INFO

**Geführte Wanderungen in die Magredi** organisiert die Associazione Naturalistica Cordenonese, Via Martiri della Libertà 35, 33084 Cordenons (PN), Tel.: +39 346 2204497 oder +39 333 1565942 oder +39 333 7604671, E-Mail: ass.nat@live.it, www.curtisnaturae.it

Von Cordenons lohnt die Fahrt über **San Quirino** – inklusive eines Blickes auf die **Villa der Pordenoneser Adelsfamilie**

Das Schotterbett des Flusses Meduna bei Vivaro

**Cattaneo** aus dem 18. Jahrhundert an der Piazza Roma – weiter in Richtung Vivaro.

Ab San Quirino lassen sich der Reihe nach alle Charakteristika der Magredi erkennen: Gebiete mit intensiver Landwirtschaft, dann der „magredo evoluto", wo sich über dem Schotter bereits eine Humusschicht gebildet hat, die für vielfältige Vegetation sorgt, der „magredo semi-evoluto", auf dem sich steppenartige Grasflächen mit viel „lino delle fate", dem Federgras (Stipa eriocaulis), ausbreiten, anschließend der dürre „magredo primitivo" und schließlich der blanke Schotter des „greto", des Flussbettes der Cellina.

Über dieses Flussbett führt im Zuge der SP 53 eine lange, flache Brücke, weil hier sonst bei starken Regenfällen kein Durchkommen wäre. Etliche Informationstafeln an der Straße signalisieren Ausgangspunkte für Wanderungen hinein in die Magredi-Welt.

Überall in den Magredi haben sich Pflanzenraritäten angesiedelt: zum Beispiel in feuchteren Böden die blaue Wiesen-Schwertlilie (Iris sibirica), auf ganz trockenem Grund der weiße Tatarische Meerkohl (Crambe tataria Sebeók), von dem die Legende sagt, dass der Samen an den Hufen der Pferde von Attilas Hunnen hierher gebracht worden sei, während die Historiker in der Pflanze eher den Beweis sehen, dass

Pflanzen der Magredi: Globularia cordifolia, die Kugelblume ...

... der gelbe Kreuzblütler Brassica glabrescens ...

... Matthiola fruticulosa, eine Levkojenart

Die Villa Cattaneo in San Quirino

Das Steppengras Stipa eriocaulis in den Magredi bei Sequals

im 10. und 11. Jahrhundert die Ungarn hier vorbeigekommen sind. Wie Kugeln lässt der Wind diese Pflanzen in getrocknetem Zustand über die Steppenflächen rollen. Leuchtend zyklamfarben macht im Juni die zu den Wiesenorchideen zählende Pyramiden-Hundswurz (Orchis pyramidalis) auf sich aufmerksam.

Die Fauna der Magredi zu erforschen erfordert Geduld. Füchse und Hasen sagen sich hier buchstäblich gute Nacht. Aber ausdauernden Birdwatchern gelingt es, den seltenen „occhione", den Triel (Burhinus oedicnemus), zu entdecken, trotz seiner Tarnung durch das braungraue Federkleid. Er ist ein Symboltier der Magredi. Übrigens: im Frühjahr gilt es, achtsam zu sein: Der Triel legt seine Eier einfach zwischen die Steine.

In **Vivaro**, dem antiken „Vivarium", dem Herzen der Magredi, angekommen sind schon viele Eindrücke gesammelt. Sie lassen sich ergänzen durch Gebäude wie die ehemalige Molkerei **Lataria dei Magredi**, heute ein im Sommer am Wochenende geöffnetes, gern besuchtes Restaurant. Eine zweite Ex-

Das Schotterbett des Flusses Cellina

Die wilde Orchidee Orchis pyramidalis

Der Occhione (Burhinus oedicnemus) – ein Wahrzeichen der Magredi

Iris sibirica wächst in den feuchteren Teilen der Magredi.

Der Hauptplatz von Vivaro mit der Pfarrkirche

Latteria in dem zur Gemeinde Vivaro gehörenden Ort Tesis beherbergt nicht nur ein **Antiquarium mit Römerfunden**, sondern auch eine kleine Ausstellung über die Milchverarbeitung von einst.

## INFO

**Lataria dei Magredi**, Vicolo Centrico 14, 33099 Vivaro, Tel.: +39 0427 97099. Die Lataria (geöffnet Samstagabend und Sonntag) ist Teil der Fattoria Gelindo dei Magredi inklusive Agriturismo, Restaurant, Hotel, Via Roma 16, 33099 Vivaro (PN), Tel.: +39 0427 97037, E-Mail: info@gelindo.it, www.fattoriagelindo.it

**Latteria di Tesis e Antiquarium**, Via Della Roggia, 33099 Vivaro. Geöffnet ausschließlich nach Vereinbarung. Kontakt Gemeindeamt: Tel.:+39 0427 97015, E-Mail: protocollo@comune.vivaro.fvg.it, pro.loco.vivaro@gmail.com oder über den Kustos Dr. Massimiliano Francescutto, Tel.: +39 345 5005 149.

Die Piazza Italia, das Herz von Maniago

Wer aus den Magredi kommt, voll der Impressionen von dieser einmaligen friulanischen Steppenlandschaft, trifft in **Maniago** auf eine Welt, die maßgeblich dank des Flusses Còlvera entstanden ist. Maniago ist die „città delle coltellerie", die Stadt der Messererzeuger.

Der Ort liegt am Fuße des Monte Jouf, eines Ausläufers der Friauler Dolomiten. Die Piazza Italia, ein weiter Platz mit großem Brunnen öffnet sich, die kleine Kirche **San Mauro Martire** aus dem 15. Jahrhundert ist dem heiligen Mauro, Bischof von Parenzo in Istrien, geweiht. Gegenüber dominiert der **Palazzo Attimis-Maniago**, auf dessen Fassade ein dem Maler Pomponio Amalteo zugeschriebenes Fresko mit dem Markus-Löwen prangt – schließlich war Maniago vier Jahrhunderte lang unter venezianischer Verwaltung.

Das Jahr 1453 gilt als Datum für den Beginn der **Schmiedekunst** in Maniago. Graf Nicolò von Maniago ließ das Wasser des nahen Flusses Còlvera in einen Kanal leiten, vorerst, um die umliegenden Felder bewässern zu können. Doch entlang dieses Kanals siedelten sich Schmiedewerkstätten an, die Grobschmiede eben, die „favri da gros" oder „battiferri". Sie wurden auch geschätzte Produzenten der Waffen für die Seerepublik Venedig.

Ende des 18. Jahrhunderts entstanden in den vielen kleinen Werkstätten auch Schneidewerkzeuge in kleinen Dimensionen. Diese Feinschmiede, die „favri da fin", waren wegen der Qualität ihrer Produkte bald weitum bekannt. Das Gebäude, in dem heute das sehenswerte **Museo dell'Arte Fabbrile e delle Coltellerie**, also Museum für Schmiedekunst und Messererzeugung, untergebracht ist, war die erste Messerfabrik in Maniago. Sie hieß CO.RI.CA.MA. (Coltellerie Riunite Caslino Maniago). Es war der deutsche Unternehmer

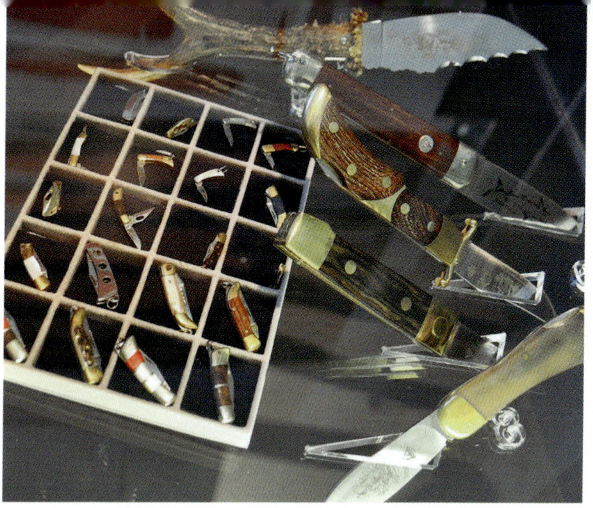

Kleine Messer, große Messer – im Museo delle Coltellerie

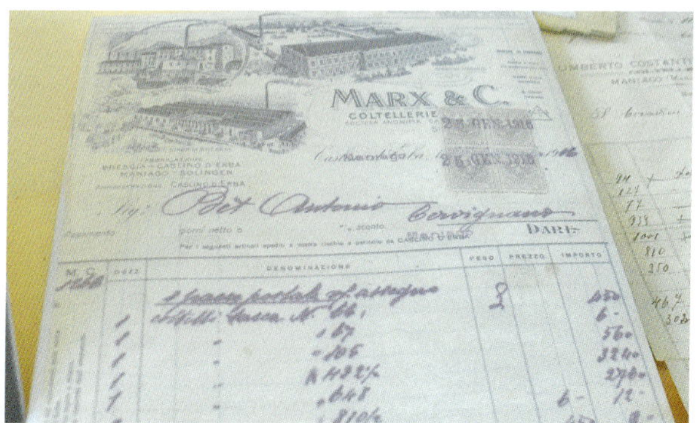


Der deutsche Unternehmer Albert Marx gründete die erste Fabrik.

Albert Marx, der sie 1907 gegründet hat. Er war vom Fach, denn er stammte aus Solingen und war dort schon ein bekannter Produzent von „Schneideeisen". Marx brachte in der friulanischen Messerstadt einiges in Bewegung. Anfang des 19. Jahrhunderts gab es in 21 Handwerksbetrieben etwa 130 Beschäftigte, hundert Jahre später waren es mehr als 500 in mehr als vierzig Werkstätten.

Bis heute steht Maniago ganz im Zeichen von Messer und Schere. In dem ganzen Bezirk sind etwa 1.800 Menschen mit der Erzeugung von Schneideartikeln beschäftigt, vom Chirurgie-Instrument bis zum Taschenmesser. Doch auch mancher Eisschnellläufer ist bei Wettkämpfen auf Schlittschuhkufen aus Maniago unterwegs. Die Exporte unter dem Zeichen „QM – Qualità Maniago" gehen in die ganze Welt.

Die Straße von Maniago in das nahe Montereale Valcellina führt ein Stück parallel zu Bahngleisen. Diese **Pedemontana Friulana**, die friulanische Voralpenbahn, verband ursprünglich Sacile mit Gemona, erstmals ging sie 1930 in Betrieb. Sie hat etwa achtzig Jahre lang Soldaten transportiert, erst im Krieg und danach zwischen verschiedenen Kasernen, auch Helfer nach den Erdbeben 1976, außerdem Pendler und Ausflügler. Nach einem Unfall im Jahr 2012 wurde die einspurige, nicht elektrifizierte Bahn stillgelegt und stattdessen ein Busverkehr eingerichtet. Seit Ende 2017 fährt die Pedemontana wieder, zumindest zwischen den Bahnhöfen Maniago und Sacile, eine interessante Möglichkeit auf diesen etwa 35 Kilometern die Gegend vom Zugfenster aus kennenzulernen. Sie wird nun auch schon wieder bis Gemona geführt.

**INFO**

Der Fahrplan der **Pedemontana** ist zu finden auf: www.ilfriuli.it/writable/attachments/TABELLE ORARI PEDEMONTANA.pdf

**Museo dell'Arte Fabbrile e delle Coltellerie** und **Tourismusbüro**: Via Maestri del Lavoro d'Italia 1, 33085 Maniago (PN), Tel.: +39 0427 709063, E-Mail: coricama@maniago.it, www.maniago.it, http://turismo.maniago.it

Von Montereale Valcellina führt die Straße SR 251ins Cellina-Tal in Richtung des Parco Naturale delle Dolomiti Friulane. Ein langer Tunnel durchbohrt gleich am Anfang den Berg. Am Tunnelende der neuen Straße empfiehlt es sich, die Abzweigung zum Bergdorf **Andreis** zu nehmen.

Die typische bäuerliche Architektur der Gegend ist erhalten geblieben beziehungsweise nach den Erdbeben von 1976 wiedererrichtet worden. Die mehrstöckigen Häuser haben Holzkonstruktionen vor der Fassade, das sind Galerien beziehungsweise Balkone mit Querlatten und steinernen Außentreppen. „I dalz" werden sie genannt, Kleinode ländlicher Baukunst.

Weiter führt die Straße in westlicher Richtung an den Lago di Barcis, einen in den 1950er Jahren angelegten Stausee, der ein beliebter Ausflugspunkt ist. Der Ort **Barcis** liegt auf 400 Meter Seehöhe. Der **Palazzo Centi** mit seinen markanten Steinbögen steht auch für typische Bauformen in dieser Berggegend. Er ist eine besonders schöne Version der soge-

Die spektakulären Gipfel der Friauler Dolomiten

Die Bauernarchitektur von Andreis

Der Palazzo Centi in Barcis

Am Oberlauf des Flusses Cellina wird im Sommer auch gebadet.

nannten Clautana-Häuser, benannt nach dem Ort Claut, etwas weiter oben im Cellina-Tal. Ausschließlich aus Stein errichtet, ursprünglich mit Holzschindeldach, im ersten Stock ein Bogenfenstergang, neben dem die Zimmer, die Küche und die Vorratskammer liegen.

Vom Lago di Barcis weiter den Flusslauf der Cellina hinauf tut sich rundum das fantastische Panorama der friulanischen Dolomiten auf, ein Eldorado für Wanderer und Bergsteiger. Im Flussbett der Cellina tummeln sich im Sommer auch etliche Badende. Etwa 37.000 Hektar umfasst insgesamt der **Parco Naturale delle Dolomiti Friulane**. Er reicht vom Tagliamento bis an die Piave.

Ein kurzes Abschwenken von der Hauptstraße nach **Claut** ermöglicht das Kennenlernen auch dieses malerischen Bergdorfes. Bis **Cimolais** wird das Cellina-Tal etwas breiter. Hungrige machen hier einen Stopp im Ristorante Margherita der Brüder Maurizio und Franco Protti und probieren eine Spezialität der Gegend, die **„pitina"**. Das sind Laibchen aus faschiertem, gepresstem Wildfleisch, das gesalzen, gewürzt, in Maismehl gewälzt und dann geräuchert wird. Die „pitina" kann wie Salami aufgeschnitten, aber auch gebraten werden. Entstanden ist sie vor gut 200 Jahren aus der Notwendigkeit, das Fleisch des gejagten Wilds haltbar zu machen.

## INFO

**Ristorante Margherita**, 33080 Cimolais (PN), Via Roma 7, Tel.: +39 0427 87060 oder +39 335 7024323, E-Mail: francoprotti@libero.it, www.parks.it/alb/margherita/

**Parco Naturale Dolomiti Friulane**, Via Roma 4, 33080 Cimolais (PN), Tel.: +39 0427 877900, E-Mail: info@parcodolomitifriulane.it, www.parcodolomitifriulane.it

Das Dorf Erto im Valle di Vajont mit dem Abriss am Monte Toc

Bei Cimolais mündet das Cellina-Tal in das **Valle di Vajont**. Ein Tal mit einer überaus tragischen Geschichte: 9. Oktober 1963, kurz nach 22.30 Uhr. Ein riesiger Teil des Berges Monte Toc bricht ab, etwa 270 Millionen Tonnen Felsen rutschen mit etwa 90 Stundenkilometern in den darunterliegenden Stausee, viele Millionen Kubikmeter Wasser, Schlamm und Geröll werden Richtung Osten ins Valle di Vajont gepresst und in Richtung Westen über die Staumauer hinunter in das Piavetal in Venetien. Zahlreiche Orte werden ausradiert, 1.917 Menschen sterben, allein 1.450 davon in dem im Piavetal gelegenen Ort Longarone, 158 in den friulanischen Orten Erto und Casso.

Von der Straße aus ist der Abriss am Monte Toc als blanke Felsenzone zu sehen. Das alte **Erto** ist heute fast völlig verlassen. Nur wenige Häuser sind restauriert, viele Bewohner sind in den weiter oben neu errichteten Ortsteil gezogen. Unten wird nur noch die Osteria Gallo Cedrone betrieben. Die verlassenen Häuser daneben wirken gespenstisch. Auf einem steht geschrieben: „Dio ci salvi dai sciacalli del Vajont!" / „Herrgott, rette uns vor den Ausbeutern des Vajont!" – Wohl ein Hinweis auf die Ursache der Katastrophe von 1963, den Bau des Vajont-Stausees.

Damit war in den 1950er Jahren begonnen worden. Eine riesige Staumauer von 264 Metern Höhe wurde in dem Tal an der Grenze zwischen Friaul und Venetien errichtet. Am Fuß des Monte Toc wurde für die Baustelle, den Stausee und nötige Straßen viel Material abgegraben. Was zur Folge hatte, dass an zwei Stellen schon 1960 kleinere Steinlawinen abgegangen waren. In den folgenden zwei Jahren zeigten sich auch oben am Berg weitere Risse, Warnungen von Geologen wurden lauter. Trotzdem wurde der Stausee sukzessive geflu-

Die verlassenen Häuser von Erto

Der Staudamm nach dem Bergsturz 1963

tet. Im Laufe des Jahres 1963 entstanden immer neue Risse am Monte Toc. Im September wurde deshalb ein Absenken des Wasserspiegels des Stausees angeordnet. Es half nichts mehr. Am Abend des 9. Oktober brachte die Riesenlawine Tod und Verderben. All das ist dokumentiert im kleinen **Museum „Uno Spazio alla Memoria“** / „Ein Raum für die Erinnerung“ im Besucherzentrum in Erto; auch dass nach vielen Jahren Gerichtsverfahren die endgültige Entscheidung lautete: Die Katastrophe war nicht absehbar.

Nur wenige Kilometer sind es von Erto nach **Casso** hinauf (heute sind die beiden Orte zur Gemeinde Erto e Casso zusammengefasst). Auch hier sind viele der steinernen alten Häuser verlassen. Ein neues Gebäude bietet einen Panoramablick auf die Zone, auf die vor über fünfzig Jahren die Steinlawine in den Stausee niederging. Man mag sich gar nicht vorstellen, wie da Millionen Kubikmeter Wasser herausgedrückt

Der alte Ort Casso ist heute ebenfalls großteils ein Geisterort.

wurden, so dass vom See kaum etwas blieb. Die Staumauer steht nach wie vor – ein Denkmal des Schreckens, das geeignet ist, bei den Besuchern Gänsehaut zu erzeugen.

## INFO

**Centro Visite di Erto e Casso**, Piazzale del Ritorno 3, 33080 Erto e Casso (PN), Tel.: +39 0427 87333, E-Mail: info@parcodolomitifriulane.it, www.parcodolomitifriulane.it

**Rathaus/Municipio**, Via 9 Ottobre 1963 4, 33080 Comune di Erto e Casso (PN) Tel.: +39 0427 879001, www.comune.ertoecasso.pn.it

## TIPP

Seit mehr als 400 Jahren wird in Erto am Abend des Karfreitags das **Veindre Seint** genannte Passionsspiel aufgeführt (nur einmal, zu Ostern 1964, also ein paar Monate nach der Katastrophe von Vajont im Oktober 1963, fiel die Passion aus). Die Ortsbewohner sind die Laienschauspieler der Darstellung des Leidensweges Christi in den engen Gassen von Erto. Diese Tradition fußt auf einem im 17. Jahrhundert abgelegten Gelübde, es sollte das Dorf vor der Pest schützen.

Infos zum Passionsspiel und Besuchsmöglichkeiten der Staudammkrone: **Pro Loco Erto e Casso**, Via IX Ottobre 1963 1, 33080 Erto e Casso (PN), Tel.: +39 347 6773472, E-Mail: info@prolocoertoecasso.it, www.prolocoertoecasso.it

Meduno
Monte Tistigneit
Sottomonte
Via Nuova
Monte Ciavoleit 903 m
Dosso Paladin 1108 m
Monte Ciaurlec 1148 m
Col Taron 750 m
Piel 505 m
Frisanco
Somp Li Albis 630 m
SP2
Ciago
Toppo
Via Nazario Sauro
Cavasso Nuovo
Monte Lieto 505 m
Clapon Alt 765 m
SR552
Fanna
Orgnese
Meduna
Col Cravest 406 m
Via Circonvallazione Nuova
Via Fanna
SP39
SP3
Fiume Meduna
Solimbergo
Col Palotta 361 m
Maniago
SR464
Via Maniago
Colle
Sequals
Strada di Sequals
Via Repubblica
SR251
Arba
SR464
SP36
SR177
SP59
Deposito Munizioni Chiarle
Via Vivarina
Via Arba
SP27
Tesis
Torrente Cellina
Fiume Meduna
Basaldella
Vivaro
Canale di Bypass
SP27
SP53
Canale Scarico
Rauscedo
Torrente Cellina
Domanins
Canale di Bypass
SR177
SP6
SP27
SP24

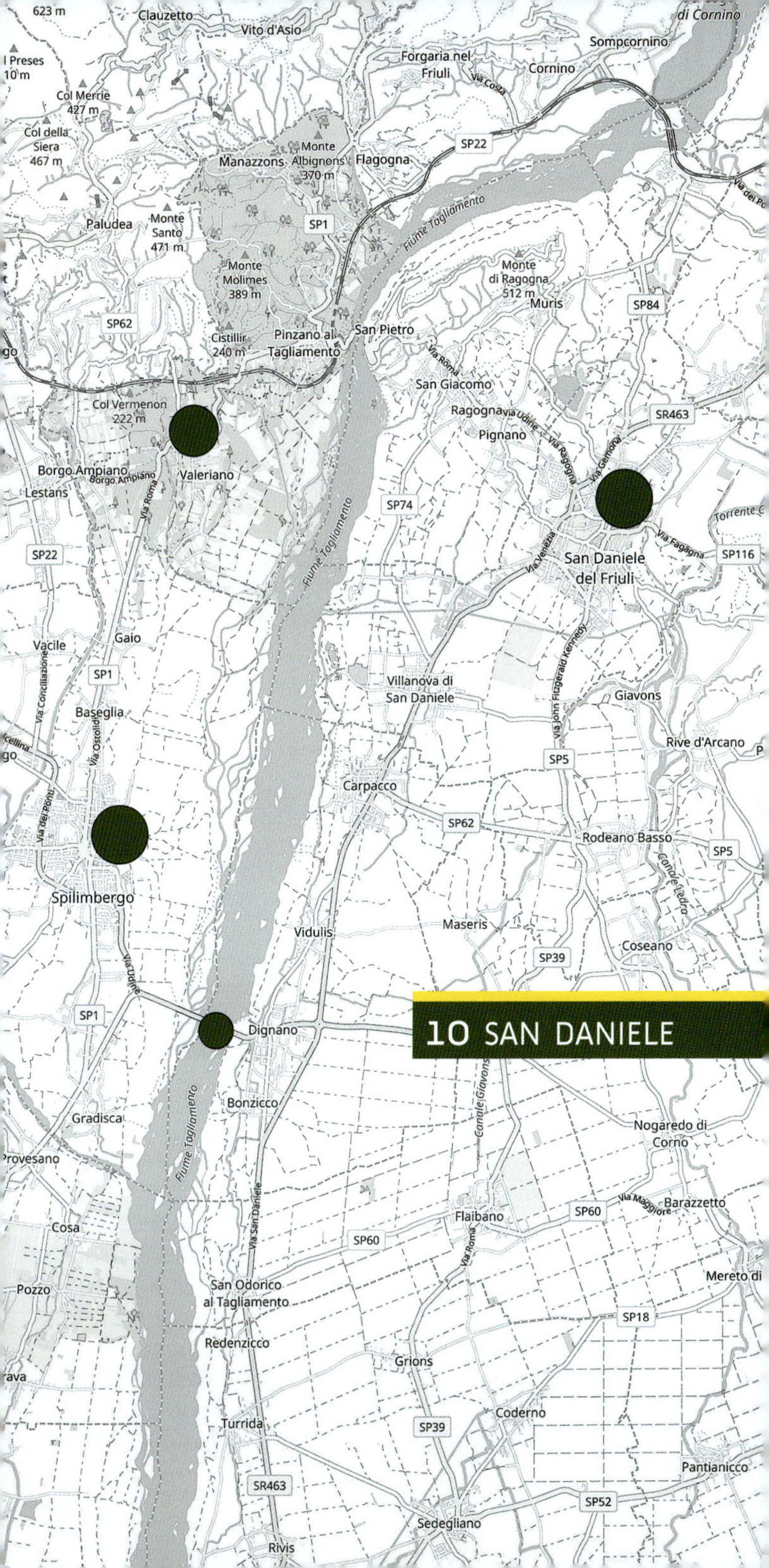
10 SAN DANIELE
Clauzetto
Vito d'Asio
di Cornino
Sompcornino
Forgaria nel Friuli
Via Costa
Cornino
I Preses
Col Merrie 427 m
Col della Siera 467 m
623 m
Monte Albignons 370 m
Manazzons
Flagogna
SP22
SP1
Paludea
Monte Santo 471 m
Fiume Tagliamento
Monte Molimes 389 m
Monte di Ragogna 512 m
Muris
SP84
SP62
Cistillir 240 m
Pinzano al Tagliamento
San Pietro
Via Roma
San Giacomo
Col Vermenon 222 m
Ragogna
Via Udine
Via Ragogna
Pignano
SR463
Via Gemona
Borgo Ampiano
Lestans
Valeriano
SP74
Torrente
Via Fagagna
Via Venezia
SP116
San Daniele del Friuli
SP22
Via John Fitzgerald Kennedy
Gaio
Vacile
SP1
Villanova di San Daniele
Via Concliazione
Giavons
Baseglia
Via Osoppo
Rive d'Arcano
SP5
Carpacco
Via dei Ponti
SP62
Rodeano Basso
SP5
Spilimbergo
Canale Ledra
Vidulis
Maseris
SP39
Coseano
SP1
Dignano
Canale Giavons
Bonzicco
Gradisca
Nogaredo di Corno
Provesano
Via San Daniele
SP60
Via Maggiore
Barazzetto
Cosa
Flaibano
SP60
Via Roma
Mereto di
Pozzo
San Odorico al Tagliamento
SP18
Redenzicco
Grions
Coderno
Turrida
SP39
Pantianicco
SR463
SP52
Sedegliano
Rivis

# 10 San Daniele, Spilimbergo und

Natürlich! Wenn es um **San Daniele** geht, dann geht es auch um den berühmten Prosciutto crudo, den Rohschinken. Der hat eine lange Geschichte. Schon die Römer kannten Prosciutto aus Friaul. Sowohl mit Aquileia als auch mit Venedig betrieben die Bewohner von San Daniele Schinken-Handel. Ein Dokument aus dem Jahr 1563 belegt, dass beim Konzil von Trient „dreißig Paar Schinken“ verzehrt wurden, die auf Mauleseln von San Daniele nach Trient gebracht worden waren. Zwölf davon waren ein Geschenk des Patriarchen von Aquileia. Viel später entdeckten Offiziere des napoleonischen Heeres den Genuss dieser Keulen ebenso wie der Wiener Kaiserhof.

## WEITER HINAUF

Unter dem Namen **Prosciutto di San Daniele** ist der Schinken seit etwa 1800 bekannt. Er war aber vor den 1960er Jahren kein Allgemeingut in den friulanischen Haushalten, erst dann vollzog sich die Entwicklung vom originären, ländlichen Produkt zur modernen, wirtschaftlichen Produktion. 1961 entstand auch das Consorzio del Prosciutto di San Daniele, gebildet aus Produzenten, Kaufleuten und Konsumenten, um den Namen zu schützen, die Qualität zu sichern und den Prosciutto di San Daniele zu bewerben.

Die Technik ist unverändert, auf traditionelle Art wird der Schinken luftgetrocknet. San Daniele ist aus verschiedenen

Schon die Römer kannten Prosciutto aus Friaul.

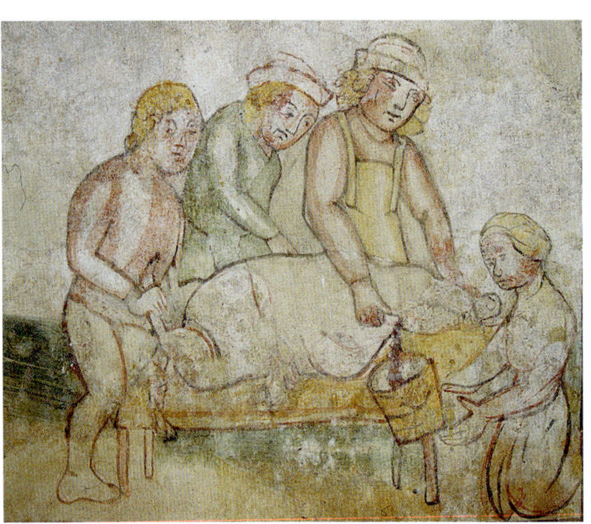

Fresko in der Kirche San Pietro in Magredis di Povoletto

Gründen ideal dafür: Der Ort liegt auf einem Moränenhügel, nicht weit vom Tagliamento und von den ersten Hängen der Voralpen entfernt. Diese Moränenhügel wurden gebildet von eiszeitlichen Gletschern, die Schotter und anderes Bodenmaterial vor sich her bis in die Ebene schoben. Weil San Daniele auf solch einem Hügel liegt, wirken zwei Luftströmungen gut zusammen: Kalter Wind kommt vom Norden, warme Luft vom Meer, das kaum fünfzig Kilometer entfernt ist. Beides mischt sich, die konstante Ventilation und die geringe Luftfeuchtigkeit wirken wie eine Klimaanlage.

Das Klima in San Daniele begünstigt die Prosciutto-Erzeugung.

Aus zehn verschiedenen Regionen Italiens kommen Schweine der Rassen Large White, Landrace und Duroc, gezüchtet nach strengen Regeln, zur Verarbeitung nach San Daniele. Die Keulen werden im Zuge des Produktionsvorganges eingesalzen, in die bekannte Mandolinenform gepresst, gewaschen, die nicht von Schwarte bedeckten Stellen werden mit einer Mischung aus Schweinefett, Reis- und Getreidemehl überzogen, dann werden die Keulen in die Trockenräume gehängt. Die fortschreitende Reifung und das Aroma prüft der Produzent traditionellerweise mit dem zugespitzten Teil eines Pferdeknochens. Denn der hat keinen Eigengeruch, ist hart und doch porös. Das heißt, wenn man in den Schinken sticht und dann am Knochen riecht, ist festzustellen, wie sich das Aroma entwickelt, wie reif also der Schinken schon ist. Mindestens 13, besser aber 18 oder auch 24 Monate soll der Schinken trocknen. Heute werden in San Daniele etwa drei Millionen Prosciutto-Keulen pro Jahr erzeugt. Etwa 15 Prozent der Produktion gehen in den Export.

**TIPP**

Im Juni steht San Daniele ganz im Zeichen des Schinkenfestes, die **Aria di Festa** ist weit über die Grenzen Friauls hinaus bekannt und beliebt. Viele Produzenten öffnen die Türen ihrer Schinkenerzeugungen im Umfeld des Ortes für Führungen und Verkostungen. Aber auch in der Altstadt kann man den Prosciutto probieren. Ausstellungen und Musik ergänzen das Programm.

**TIPP**

**Consorzio del Prosciutto di San Daniele**, Via Ippolito Nievo 19, 33038 San Daniele del Friuli (UD), Tel.: +39 0432 957515, E-Mail: info@prosciuttosandaniele.it, http://consorzio.prosciuttosandaniele.it

Wer während des Jahres die Geheimnisse der Schinkenproduktion in San Daniele erforschen will: mit Führung nach Voranmeldung im Restaurant oder im Shop **DOK dall'Ava**, San Daniele del Friuli (UD), Via Gemona 29, Tel.: +39 0432 957335, E-Mail: info@dokdallava.com, www.dokdallava.com

Gestärkt vom zarten Schinken lässt sich der Ort am Hügel angenehm durchwandern. Er hat zum Beispiel eine kleine Kirche zu bieten, die von manchen die „Sixtinische Kapelle Friauls" genannt wird. Sie hängt mit der Tätigkeit der Antoniter als Spitalsorden in San Daniele zusammen, denn dieser Orden war schon im Mittelalter hier aktiv. **Sant'Antonio Abate** schräg gegenüber dem Rathaus in der Via Giuseppe Garibaldi ist profaniert, dient also nicht mehr als Kirche, sondern als Raum für Ausstellungen und Konzerte. Die Fassade hat noch gotische Spitzbögen, aber der Innenraum ist ein Höhepunkt der Renaissancemalerei in Friaul. Die prachtvollen Fresken aus dem 15. und 16. Jahrhundert sind Werke des Malers Pellegrino Da San Daniele (1467–1547), der auch Martino Da Udine genannt wurde, und seiner Werkstatt. In die Kreuzigungsszene hat der Maler für das Volk Portraits von Bürgern aus San Daniele gemalt. Als „Kirchenheiliger" hatte Sant'Antonio Abate hier wohl auch eine spezielle Funktion, ist er doch auch Schutzpatron der Fleischhauer. Die Produktion von Schinken in San Daniele gab es ja – wie erwähnt – schon seit der Römerzeit.

Der heilige Antonius Abate wird oft mit einem Schwein dargestellt. Das steht in der Ikonografie nicht nur für die Versuchungen, denen Antonius ausgesetzt war, sondern auch für die Tradition des Antoniter-Ordens, Schweine freilaufend zu halten. Was wohl erklärt, warum es in und um San Daniele bis in die 1960er Jahre – wie übrigens früher auch in manchen Gegenden Österreichs – den Brauch gab, ein „Antonius-Schwein" zu halten. Es trug ein Glöckchen um den Hals, konnte frei laufen und wurde von Ortsbewohnern versorgt. Am Tag des heiligen Antonius (17. Januar) wurde es geschlachtet und das Fleisch an die Armen verteilt.

Die Kirche Sant'Antonio Abate in San Daniele ...

... wird wegen ihrer Fresken „Sixtina Friauls“ genannt.

Im Obergeschoss des ehemaligen Rathauses neben dem Dom ...

... ist die Biblioteca Guarneriana zu finden.

Venezianisch mutet die Fassade des Domes **San Michele Arcangelo** an. Kein Wunder, der Architekt Domenico Rossi zeichnet dafür verantwortlich, er entwarf sie Anfang des 18. Jahrhunderts wohl unter dem Eindruck der Kirchen Il Redentore und San Giorgio Maggiore, die der Revolutionär der Architektur des 17. Jahrhunderts, Andrea Palladio, in Venedig errichtet hatte.

Gleich neben dem Dom im früheren Rathaus verbirgt sich im Obergeschoss die älteste öffentliche Bibliothek Friauls, die **Biblioteca Guarneriana**. Sie ist entstanden aus der Sammlung des Guarnerio D'Artegna, einem Vikar des Patriarchen von

Dantes „Divina Comedia“ – eine der Handschriften der Guarneriana

Aquileia. Er hat bei seinem Tod 1466 der Stadt San Daniele 173 wertvolle Handschriften vermacht, damit diese Bücher für jedermann zugänglich gemacht würden. So war die Bibliothek geboren. Diesen Gedanken Guarnerios führte im 18. Jahrhundert Giusto Fontanini weiter, auch er hinterließ der Stadt seine Bibliothek. Und so verfügt die Guarneriana heute über eine Sammlung von 600 handgeschriebenen Codices, 84 Inkunabeln (so werden die allerersten, in der zweiten Hälfte des 15. Jahrhunderts gedruckten Bücher genannt), 700 Druckwerke aus dem 16. Jahrhundert, insgesamt etwa 12.000 antike Bücher. Darunter ist auch eine besonders rare Handschrift von Dantes „Divina Comedia“, der „Göttlichen Komödie“, aus dem 14. Jahrhundert. 13 der wertvollen Codices sind inzwischen digitalisiert.

## INFO

Der Besuch der Bibliothek Guarneriana ist nur im Zuge von Führungen möglich. Voranmeldung über **Civica Biblioteca Guarneriana**, Via Roma 1 und 10, 33038 San Daniele del Friuli (UD), Tel.: +39 0432 946560, E-Mail: info@guarneriana.it, www.guarneriana.it (auf dieser Homepage gelangt man auch zu den digitalisierten Büchern), oder beim **Tourismus-Infopoint in Udine**, Tel.: +39 0432 295972, E-Mail: info.udine@promoturismo.fvg.it

Der Tagliamento füllt sich bei starkem Regen sehr rasch.

Von San Daniele ein Stück nach Süden auf der Strada Statale 463 ist bei **Dignano** eine **Brücke über das Schotterbett des Tagliamento** zu erreichen. Etwa einen Kilometer ist sie lang. 1923 wurde sie eingeweiht. Während des zweiten Weltkrieges wollten die Amerikaner die Brücke bombardieren, zur Freude der Bevölkerung gelang das nicht. Das Tagliamento-Bett zeigt sich hier mit all seiner Charakteristik. Der insgesamt etwa 170 Kilometer lange Fluss wird „König der Alpenflüsse" genannt und ist der einzige in Europa, der noch fast ganz unreguliert fließen kann.

Bei starken Niederschlägen füllt sich das Flussbett rasch und wird zu einem reißenden Strom. „Il Tagliamento in piena" nennen ihn dann die Friulaner, nicht nur voll („pieno"), sondern übervoll ist er dann und reißt alles mit, was sich ihm in den Weg stellt, Bäume genauso wie Inselchen und Uferzonen, und er kann im Extremfall auch nahegelegene Ortschaften überschwemmen. Normalerweise aber schimmert der Schotter weiß, immer wieder liegen auf den weiten Kies- und Sandflächen bizarre Schwemmhölzer, tote Stämme, Knäuel aus abgerissenen Ästen. Sie erinnern an die letzten Hochwässer. Aus solch totem Holz entstehen neue kleine Inseln, neuer Lebensraum für Tiere und Pflanzen. Es verfängt sich immer mehr Material in dem Treibholz, oft erwacht es dann zu neuem Leben, aus Weiden- und Pappelstämmen sprießen neue Triebe und schlagen Wurzeln. Daraus erwächst ein enorm vielfältiges Ökosystem.

Der Tagliamento spiegelt auch die turbulente Geschichte vieler Jahrhunderte wider. Die Straße an seinem rechten, also westlichen, Ufer in der Ebene war jene von den Römern „Germa-

Der Palazzo di Sopra in Spilimbergo

nica" genannte Straße, die Venetien mit der Provinz Noricum verband. Im Mittelalter wurde sie von zahlreichen Burgen gesäumt, zu ihrem Schutz, aber auch, um Zoll einzuheben. Als ab 1420 Friaul von Venedig beherrscht war, wurden aus den Burgen adelige Landsitze, in denen die Künste gepflegt wurden.

**Spilimbergo** war eine dieser Burgen zur Kontrolle des Tagliamento-Tales. Zwischen dem 11. und 12. Jahrhundert ließen sich hier die Grafen von Spengenberg nieder, ein Adelsgeschlecht mit Kärntner Wurzeln. Daraus wurde der Name Spilimbergo. Florierender Handel brachte den Ort zur Blüte. Das **Castello** wurde im 14. und 15. Jahrhundert erweitert, 1511 erst bei einem Erdbeben beschädigt und dann bei einem Aufstand der Bürgerschaft in Brand gesteckt. Nur der **Palazzo Dipinto**, der bemalte Palast, ein Teil der Burg mit gut erhaltenen Malereien auf der Fassade (sie zeigen Freuden und Tugenden der Adeligen und ihre Vorfahren), blieb stehen. Zerstörte Gebäude des Schlosses wurden in der Folge wieder aufgebaut, nur im Süden fehlt bis heute ein Teil.

Ein Gegenstück zum Castello ist der **Palazzo di Sopra.** Er stammt in der heutigen Form aus der Zeit nach 1500 und war einst auch im Besitz der Grafen Spilimbergo, heute ist er Sitz des Rathauses. Er liegt etwas nördlich der Piazza Duomo mit dem **Palazzo La Loggia** (14. Jahrhundert) an der Piazzetta Giambattista Tiepolo. Von dort aus kann man im Frühling, wenn die Bäume unten auf der Ebene noch nicht völlig belaubt sind, ein wenig das weiß schimmernde Tagliamento-Bett erkennen und erahnen, wie die mittelalterliche Überwachung des Tales funktioniert haben mag. An klaren Tagen sieht man bis nach San Daniele hinüber.

Blick vom Palazzo La Loggia auf den Dom von Spilimbergo

Die Orgel aus dem 16. Jahrhundert, bemalt von Pordenone

Die Bedeutung von Spilimbergo offenbart sich auch im Dom **Santa Maria Maggiore**, einem der bedeutendsten Kirchenjuwele Friauls, ein eindrucksvolles romanisch-gotisches Bauwerk. Beim ersten Erdbeben im Mai des Jahres 1976 wurde der Dom beschädigt, aber sofort mit Gerüsten stark abgestützt. Nur dieser Tatsache ist es zu danken, dass er beim zweiten schweren Erdstoß im September desselben Jahres nicht einstürzte. So blieben auch die wertvollen Fresken in der Hauptapsis erhalten. Der Zyklus mit Szenen aus dem Alten und dem Neuen Testament stammt aus der Mitte des 14. Jahrhunderts und wurde wahrscheinlich von einem Meister aus der Werkstätte des Vitale da Bologna gemalt, einem der wichtigsten Vertreter der Frührenaissancemalerei.

Wie in Valvasone fällt eine prächtige Orgel auf. Auch bei dieser Orgel bemalte der Künstler Pordenone die Flügel des Gehäuses, das war 1524/25, also etwa zehn Jahre vor seiner Arbeit an der Orgel von Valvasone. Das Orgelwerk hier in Spilimbergo allerdings stammt nicht mehr aus dem 16. Jahr-

Die Mosaikschule von Spilimbergo ist weltweit bekannt.

hundert, es wurde 1981 vom Orgelbauer Francesco Zanin aus Codroipo rekonstruiert.

Wie Spilimbergo einst ausgesehen haben mag, zeigt ein Mosaik in der **Scuola Mosaicisti del Friuli**, der Mosaikschule. Es ist diese Schule, die dem Ort heute ihren Stempel aufprägt. 1922 ist sie entstanden als Ergebnis der Tatsache, dass ab dem 16. Jahrhundert bereits Handwerker aus Spilimbergo und den umliegenden Orten nach Venedig zogen, um Arbeit zu finden. Die Glasmeister auf Murano führten ja die römische und byzantinische Mosaiktradition weiter, die friulanischen Arbeiter lernten bei ihnen und brachten die Kunst des Mosaiklegens und des Anfertigens von Terrazzo-Böden zurück nach Friaul. Viele „mosaicisti“ und „terrazzieri“ gingen in der Folge mit ihrer Kunstfertigkeit von hier in die Welt und waren überaus gefragt.

Heute kommen aus aller Welt Schüler in die Mosaikschule von Spilimbergo. Sie bietet eine dreijährige Ausbildung, aber auch viele Spezialkurse, neben den traditionellen Lehrfächern Mosaik, Terrazzo und Zeichnen auch Computergrafik, Mosaikplanung und Farbentheorie. Besucher sind in der Schule willkommen. Mit einer Führung nach Voranmeldung kann man sie besichtigen.

**INFO**

**Scuola Mosaicisti del Friuli**, Via Corridoni 6, 33097 Spilimbergo (PN), Tel.: +39 0427 2077, E-Mail: info@scuolamosaicistifriuli.it, www.scuolamosaicistifriuli.it

Voranmeldung für Führungen: **Touristenbüro Pro Spilimbergo**, Piazza Duomo, 33097 Spilimbergo (PN), Tel.: +39 0427 2274, E-Mail: prospilimbergo@gmail.com oder iat@comune.spilimbergo.pn.it, www.prospilimbergo.org

Geburtshaus des Mosaikkünstlers Domenico Facchina in Sequals …

Wer nach so viel Kulturgenuss Magenknurren verspürt, der findet Abhilfe in der **Osteria Al Bachero**. Einst waren „bacheri“ so etwas wie Imbiss- und Verkaufsstuben für Wein, die ersten entstanden in Venedig. Das Al Bachero in Spilimbergo hat eine sehr spezielle Tradition: 1897 gründete der aus Apulien stammende Seemann Antonio Laurola die Osteria alla Città di Bari mit angeschlossenem Weinhandel. Daraus wurde die Osteria Al Bachero, denn das aus dem Venezianischen stammende Wort „bachero“ bezeichnete den aus dem Süden Italiens kommenden Wein. Dessen Import war nötig, denn 1888 hatte die Reblaus fast den ganzen Rebenbestand der Region vernichtet. Von Anfang an war die Osteria Al Bachero bekannt für ihren Baccalà, den Stockfisch, zubereitet nach einem alten Rezept apulischer Matrosen. Seit 1975 wird das Lokal von der Familie Zavagno geführt, aber der Baccalà ist noch immer eine Spezialität des Hauses.

## INFO

**Osteria Al Bachero**, Via Pilacorte 5, 33097 Spilimbergo, Tel.: +39 0427 2317, www.osteriabachero.com

## TIPP

Seit 30 Jahren gibt es in Spilimbergo ein internationales **Festival der Folk-Musik**, das auch Besucher aus Venetien, Slowenien und Österreich anlockt. Es ist den unterschiedlichen Kulturen der Welt und ihrer Musik gewidmet.

**Folkest**, Viale Barbacane 17, 33097 Spilimbergo (PN), Tel.: +39 0427 51230, www.folkest.com

Dass Mosaikkünstler der Gegend in die Welt zogen und berühmt wurden, davon war hier schon die Rede. Der vermutlich

... Dort steht auch die Villa des Boxweltmeisters Primo Carnera.

bekannteste aus ihren Reihen stammt aus dem Ort **Sequals** nordwestlich von Spilimbergo. Es ist **Domenico Facchina** (1826–1903). Er entwickelte bei seinem Aufenthalt in Venedig ein Mosaikverfahren weiter, das auf Murano Antonio Salviati entwickelt hatte. Dabei wird das Mosaik seitenverkehrt auf Papier geklebt, dann in Stücke geschnitten, die man an Ort und Stelle in den Mörtel setzt. Danach wird das Papier abgezogen. Ein sowohl Zeit als auch Kosten sparendes Verfahren. Facchina hat derlei Wissen auch im Zuge seiner Mitarbeit an der Restaurierung der Mosaike des Markusdoms in Venedig in den 1840er und 1850er Jahren angewendet. Damit baute er sich einen herausragenden Ruf auf, ging nach Frankreich und war dort unter anderem an den Mosaiken der Pariser Oper tätig. Am Hauptplatz von Sequals steht Facchinas Geburtshaus.

Der kleine Ort hatte aber noch einen Bürger, der berühmt geworden ist: **Primo Carnera** (1906–1967) war der erste Boxweltmeister Italiens. 1933 errang er in Amerika den Weltmeistertitel im Schwergewicht. 1932 ließ er sich in seinem Geburtsort Sequals eine Villa samt Trainingshalle bauen, wo er nach Ausklang seiner Karriere wieder lebte.

**INFO**

**Villa Carnera**, Via Roma 12, 33090 Sequals (PN), Tel.: +39 0427 789111, E-Mail: segreteria@comune.sequals.pn.it, https://villacarnera.com

Auf einem Foto aus seiner Amerika-Zeit ist Carnera mit einem Mann zu sehen, der aus dem von Sequals etwa zehn Kilometer entfernten, am Fuß der Berge gelegenen **Meduno** stammt.

Der Steinmetz Luigi Del Bianco aus Meduna ...

... war führender Bildhauer am Mount Rushmore.

In dieser Gegend gibt es Gestein, das für Steinmetze leicht zu bearbeiten ist. Wie viele im Ort lernte **Luigi Del Bianco** (1908–1969) das Handwerk des „scultore“. Er wanderte wie Carnera nach Amerika aus und auch er machte dort Karriere. Als in den 1930er Jahren die riesigen Präsidenten-Skulpturen aus dem Gestein des Mount Rushmore in South Dakota gehauen wurden, war Del Bianco dort ein führender Bildhauer. Er starb in New York an einer für Steinmetze häufigen Krankheit, an der Staublunge.

Zurück zu fahren in Richtung San Daniele empfiehlt sich über **Valeriano** bei Pinzano. Hier steht die kleine Kirche **Santa Maria dei Battuti** mit schönen Fresken aus dem 16. Jahrhundert, darunter eine Abendmahl-Darstellung. Sie ist das Vorbild für die Etiketten auf den Weinflaschen eines ganz speziellen Winzers, dessen Betrieb sich nur ein paar hundert

Die Kirche Santa Maria dei Battuti in Valeriano bei Pinzano ...

... birgt ein Abendmahl-Fresko aus dem 16. Jahrhundert.

Meter von der Kirche entfernt befindet. **Emilio Bulfon** widmet sich seit den 1970er Jahren der Aufgabe, vergessene Rebsorten systematisch wiederzuentdecken und nachzuzüchten. Auf verlassenen Hügeln, an Waldrändern, in vergessenen Weingärten hat er uralte Sorten gefunden, als Setzlinge vermehrt und er baut ausschließlich sie in seinen Weingärten wieder an. So tauchen Namen wie Sciaglìn, Cjanorie, Piculit Neri, Ucelùt und andere mehr im Bewusstsein von Weinliebhabern auf und haben schon bei vielen eine „Liebe auf den ersten Schluck“ ausgelöst.

### INFO

**Azienda I vini di Emilio Bulfon**, Via Roma 4, 33094 Valeriano (PN), Tel.: +39 0432 950061, E-Mail: bulfon@bulfon.it, www.bulfon.it

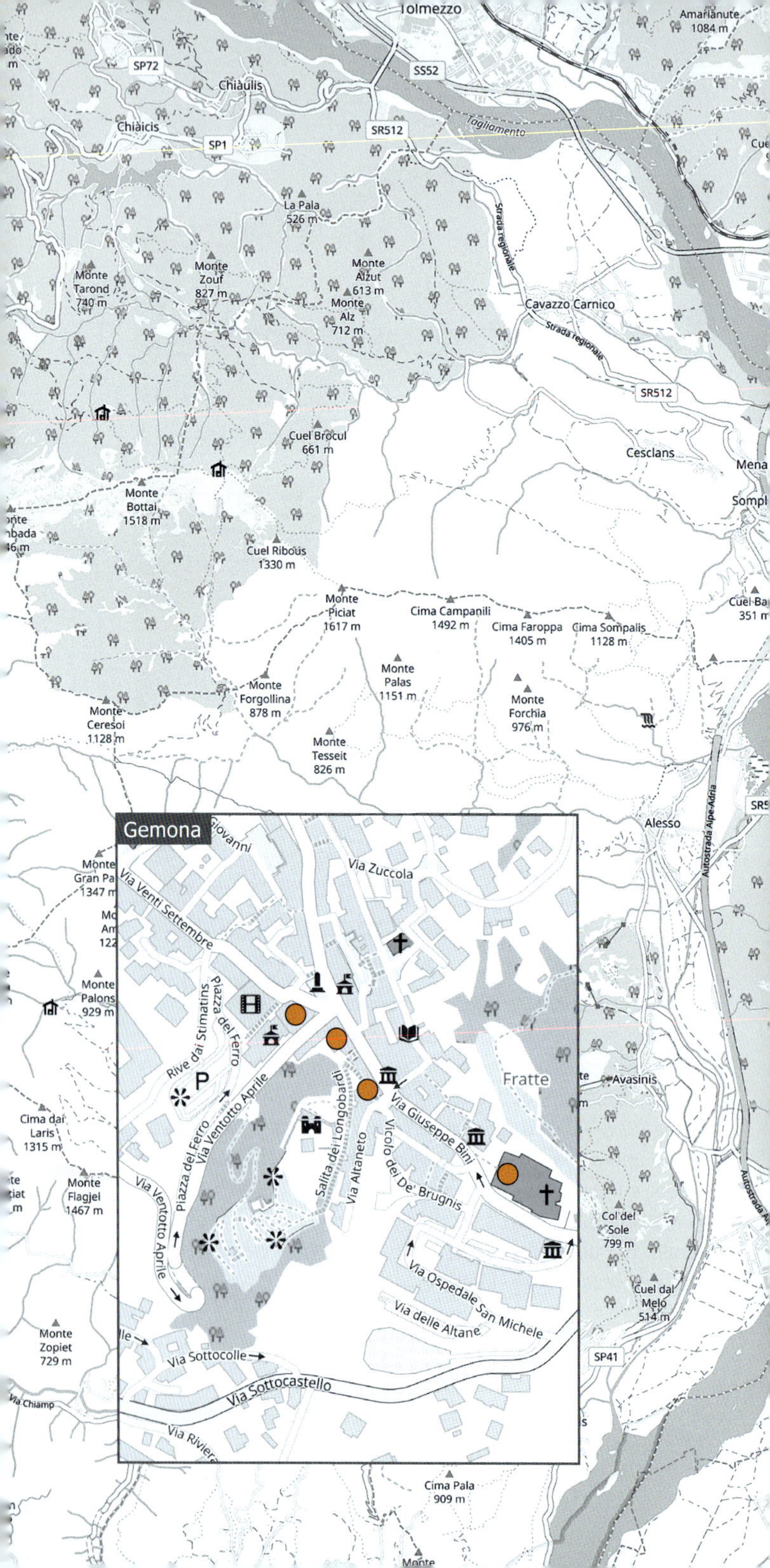

Tolmezzo
Amarianute
1084 m
SP72
Chiaulis
SS52
Chiaicis
SR512
SP1
Tagliamento
La Pala
526 m
Strada regionale
Monte
Tarond
740 m
Monte
Zouf
827 m
Monte
Alzut
613 m
Monte
Alz
712 m
Cavazzo Carnico
Strada regionale
SR512
Cuel Brocul
661 m
Cesclans
Monte
Bottai
1518 m
Cuel Ribous
1330 m
Monte
Piciat
1617 m
Cima Campanili
1492 m
Cima Faroppa
1405 m
Cima Sompalis
1128 m
Monte
Palas
1151 m
Monte
Forchia
976 m
Monte
Forgollina
878 m
Monte
Ceresoi
1128 m
Monte
Tesseit
826 m
Alesso
Autostrada Alpe-Adria
Monte
Palons
929 m
Cima dai
Laris
1315 m
Monte
Flagjel
1467 m
Avasinis
Col del
Sole
799 m
Cuel dal
Melo
514 m
SP41
Monte
Zopiet
729 m
Via Chiamp
Cima Pala
909 m
Monte
Gemona
Via Zuccola
Via Venti Settembre
Piazza del Ferro
Rive dai Stimatins
Via Ventotto Aprile
Salita dei Longobardi
Via Altaneto
Vicolo dei De' Brugnis
Via Giuseppe Bini
Fratte
Via Ospedale San Michele
Via delle Altane
Via Sottocolle
Via Sottocastello
Via Riviera
P

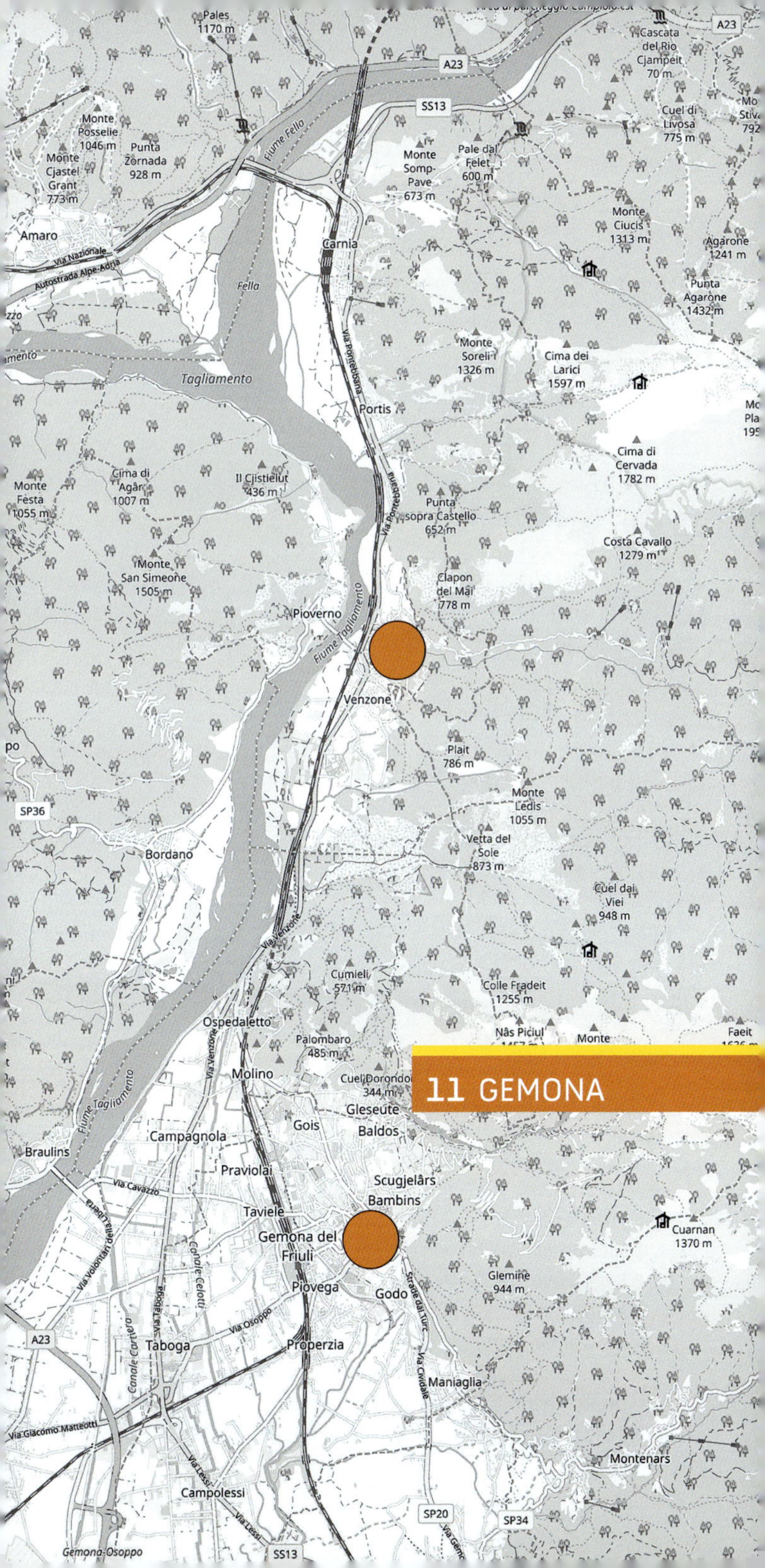
11 GEMONA
Venzone
Gemona del Friuli
Carnia
Portis
Tagliamento
Amaro
Bordano
Ospedaletto
Molino
Gleseute
Gois
Baldos
Campagnola
Praviolai
Taviele
Scugjelârs
Bambins
Piovega
Godo
Taboga
Properzia
Maniaglia
Montenars
Campolessi
Braulins
Pioverno
A23
SS13
SP36
SP20
SP34

## 11 Gemona und Venzone:

„Das antike Tor zu Friaul" wird **Gemona** oft genannt, wenige Kilometer südlich von Carnia gelegen, auf einem Schwemmkegel des Flusses Vegliato, zu Füßen des 1.709 Meter hohen Monte Chiampon und des Monte Glémina. Schon im Mittelalter war Gemona ein Ort mit Bedeutung, dem die Patriarchen von Aquileia viel Aufmerksamkeit schenkten. Und der auch heute mehr Aufmerksamkeit verdient als nur einen kurzen Stopp auf dem Weg in den Süden, wie ihn die meisten Besucher machen.

## Aus Trümmern neu erstanden

Aus diesem Grund ist es doch eigentlich schade, dass die mittelalterlichen Statuten der Stadt aus dem Jahr 1381 gar nicht mehr gelten. Der dicke Pergament-Band mit 203 Regeln wird aufbewahrt im Archiv von Gemona im **Palazzo Elti** in der Via Bini, wo auch das **Stadtmuseum** beheimatet ist. In diesen Statuten ist der sogenannte Niederlech (vom deutschen Wort „niederlegen") festgeschrieben. Soll heißen: Wer von außerhalb des Ortes kam, wie etwa die schon im Mittelalter zahlreichen Händler auf dem Weg nach Süden oder Norden,

Blick vom Castello auf die Altstadt von Gemona mit dem Dom

der musste auf jeden Fall einen Tag und eine Nacht bleiben. Händler mussten ihre Waren „niederlegen“, also entladen und dann neu laden. Denn die Stadt hob darauf Zölle ein. Das machte Gemona wohlhabend, die Gastwirtschaften und Herbergen florierten bestens.

Die Pflicht, zumindest eine Nacht zu bleiben (zum Beispiel im Hotel Willy), würde heutigen Besuchern die Möglichkeit eröffnen, Gemona besser kennenzulernen, was sich zweifellos auszahlt. Das mit dem Zoll wollen wir aber doch besser nicht wiederbelebt sehen!

Einheimische erzählen, dass Touristen immer wieder fragen: „Sind wir hier wirklich in dem Ort, der vom Erdbeben zerstört war? Man sieht gar nichts!“ Tatsächlich haben es die Gemoneser geschafft, ihren Ort nach den Erdbeben des Jahres 1976 in seiner historischen Optik wiedererstehen zu lassen.

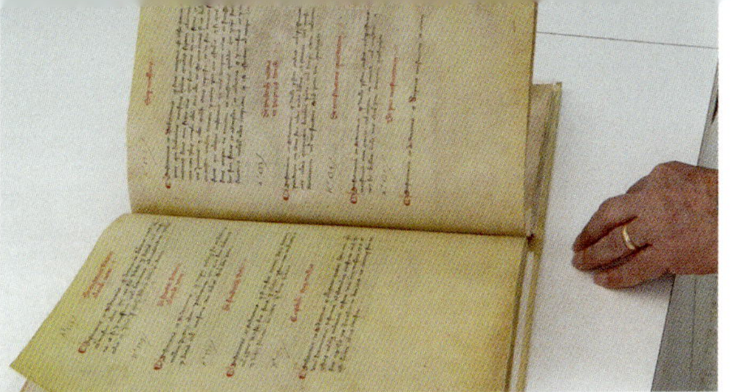

Die Statuten der Stadt von 1381 werden im Palazzo Elti aufbewahrt.

Die Via Bini führt zum Dom.

Im Haus Via Bini 26 ist unter den Arkaden die Dauerausstellung „**Frammenti di Memoria**“ / „**Fragmente der Erinnerung**“ eingerichtet. In vielen erschütternden Fotos werden die Erdbeben wieder lebendig. Der „orcolat“, das schreckliche Fabelwesen, das in den uralten Legenden Friauls das Erdbeben symbolisiert, hat am 6. Mai 1976 auf furchtbare Weise zugeschlagen. Das Epizentrum lag beim Monte San Simeone zwischen den Orten Trasaghis und Bordano.

Beben gehören zur Geschichte der Region. Geologisch betrachtet ist Friaul eine Risikozone. Die äußerste Schicht der Erdkruste besteht aus sogenannten tektonischen Platten, die in eine Tiefe von bis zu achtzig Kilometer reichen. Die Afrikanische Platte schiebt sich unterhalb Italiens millimeterweise unter die Eurasische Platte. So entstehen Spannungen, die sich in Erdbeben entladen – in Friaul sind seit dem Jahr 1116 etwa 200 größere Beben registriert worden. Als die schlimms-

Gegen 21 Uhr begann am 6. Mai 1976 das erste große Beben.

Das Zentrum wurde zum Trümmerfeld.

Das Rathaus mit der Loggia wurde erdbebensicher wieder aufgebaut.

ten werden die von 1511, von 1889, 1928 und dann eben die des Jahres 1976 genannt.

Das Beben am 6. Mai begann mit einem Erdstoß der Stärke 6 nach der 12-teiligen Mercalli-Sieberg-Skala, dann folgte ein zweiter mit Stärke 10. Eine Minute lang blankes Entsetzen.

In einer Publikation ist die erschütternde Schilderung einer Frau nachzulesen: „Ein fernes Rumoren, es wird stärker und der Boden zittert ... Hinaus, hinaus, flüchten wir! ... die Türen der Kredenz schlagen auf und zu ... die Möbel verrutschen, fallen um ... Wände bersten ... Anna schreit, taumelt, fällt gegen mich ... die Fensterscheiben explodieren ... die Decke biegt sich ... große Stücke fallen auf uns herunter ... die Mauer gegenüber öffnet sich, eine Wolke von heißem Wind und Staub dringt herein ... alles zerbröselt ... ein Dröhnen ... die Lampe schwingt an den Resten der Decke ... das Licht flackert ... dann Dunkelheit, völlige Dunkelheit ... ich nehme Anna bei der Hand ... wir müssen hier heraus, sonst bringt das Haus uns um ... die Stiegen hinunter ... Schreie in dem Dröhnen, das nicht aufhört ... die Hand auf die sich bewegende Tür, die Türschnalle drücken ... wir sind draußen, laufen auf den kleinen Platz, weg von den einstürzenden Häusern."(Valentina Piccinno: 1976 Frammenti di Memoria. Hrsg. von Città di Gemona, 2011. Übersetzung G. Hopfmüller.)

Damit war der Schrecken des Jahres 1976 für die Bevölkerung aber noch nicht überstanden. Fast täglich gab es schwache Beben, bis im September weitere starke Erdstöße folgten: am 11. September zwei mit einer Stärke von 7,5 und 8,5 nach Mercalli und am 15. September weitere bis zur Stärke 10.

Die Folgen dieser Erdbeben waren furchtbar: In ganz Friaul 137 betroffene Gemeinden. An die 1.000 Tote in der Erdbebenzone. Etwa 3.000 Verletzte. Mehr als 100.000 Menschen obdachlos. 18.000 zerstörte Gebäude, 75.000 beschädigte Gebäude. Gemona, Venzone, aber auch Buja, Osoppo, die Gegend von Tolmezzo am Tagliamento und das Kanaltal waren am stärksten betroffen.

Elio Bellina war damals Gemeindebediensteter in Gemona. Er erzählt: „Ich habe mich am 7. Mai, dem Tag nach dem ersten Beben, gefragt: Was ist nun meine Zukunft? Meine Hoch-

Elio Bellina zeigt die Erinnerungstür in der Loggia.

zeit war angemeldet, 15 Tage später sollten wir heiraten. Was würde mit all dem werden, was wir als Ehepaar geplant hatten? Ich wusste darauf keine Antwort. Am Abend habe ich zum Himmel geschaut, er war voller Sterne. Mir ging durch den Kopf: Es ist nichts verändert, außerhalb von Gemona ist alles wie immer. Aber ich habe nicht gewusst, wie es weitergehen soll. Doch wir haben wie geplant geheiratet – zwei Wochen nach dem Erdbeben."

15 Jahre lang war Elio Bellina in der Folge in der Gemeinde Gemona ein Verantwortlicher für den Wiederaufbau. Also ganz nah an all dem Leid, an den riesigen Problemen, die es zu lösen galt. Er macht an der Piazza del Municipio auf eine Tür in der Loggia des **Palazzo Comunale** (auch Palazzo Boton genannt, er stammt ursprünglich aus dem 16. Jahrhundert) aufmerksam. Bronzereliefs und Schrifttafeln sind darauf zu sehen, sie beschreiben verschiedene Phasen der Zeit seit dem Erdbeben. „Kaum wer beachtet diese Tür. Sie ist dreißig Jahre nach dem Beben gemacht worden. Da ist alles festgehalten, was wichtig war und was gelungen ist."

Die Hilfe begann mit dem 7. Mai 1976. Zunächst die gegenseitige Hilfe. Die Friulaner sind gewöhnt, die Dinge selbst in die Hand zu nehmen. Es herrscht der Geist des „fasìn di bessoi“, des Selbermachens. Friulaner fühlen sich schuldig, wenn sie anderen zur Last fallen, lautet eine Selbsteinschätzung. Und betont wird die stets wichtige Rolle der Frauen mit einem friulanischen Sprichwort: „Tre angoli della casa tiene su la donna.“ / „Drei Ecken des Hauses stützt die Frau.“

Dann kamen die Helfer aus anderen Teilen der Region, aus dem benachbarten Ausland. Im Sommer 1976 wurden vom Militär, vom Roten Kreuz, von Helfern aus ganz Europa, von Privaten und Organisationen Zelte aufgebaut, Wohnwagen und Eisenbahnwaggons als Quartiere bereitgestellt. Friulanische Auswanderer kamen per Flugzeug aus allen Teilen der Welt, um zu helfen. Es kam auch viel Unterstützung aus Österreich. So entwickelten sich zwischen Menschen und zwischen Gemeinden enge Beziehungen, die bis heute gepflegt werden.

„Das Erdbeben vom 6. Mai hat das Friaul zerstört; das Erdbeben im September hat die Friauler zerstört.“ So beschrieb der Erzbischof von Udine Alfredo Battisti das, was die neuerlichen Erdstöße vom September 1976 anrichteten. Die Menschen in den Zelten und Baracken wussten nicht mehr ein noch aus. Zahlreiche weitere Gebäude stürzten ein, es gab wieder Erdrutsche und unpassierbare Straßen. Das neuerliche Beben überzeugte viele Menschen davon, dass es besser wäre, für den Winter an die Küste in leerstehende Quartiere der Badeorte Grado, Lignano, Bibione, Jesolo und Caorle zu übersiedeln. Das taten mehr als 40.000 Personen. Während die Obdachlosen den Winter dort verbrachten, wurde im Erdbebengebiet weiter an provisorischen Unterkünften gearbeitet. Nach fünf Monaten kamen die Menschen von der Küste zurück. Die Jahre in den Baracken begannen. Die Menschen haben die „prefabbricati“, die Fertighäuser, meist „baracche“, also Baracken genannt. Damit war klar, dass es für sie keine dauerhaften Behausungen waren. Doch die Prioritäten des Wiederaufbaus waren anders definiert: erst die Fabriken, dann die Häuser, zuletzt die Kirchen.

Elio Bellina erzählt: „2.000 Häuser in Gemona waren völlig zerstört, 2.000 konnten repariert werden. Verschiedene Gesetze schufen strenge Regeln, nach denen der Wiederaufbau zu geschehen hatte. Im Vordergrund stand dabei: Es musste erdbebensicher gebaut werden. Zwischen fünf und zehn Jahre hat es gedauert, dann konnten die Menschen in Gemona

Fertighäuser halfen über Wiederaufbauphasen hinweg.

Erst wurden Fabriken, dann Wohnhäuser, später Kirchen restauriert.

wieder zurück in ihre Häuser. Jetzt ist alles erdbebensicher. Zu hundert Prozent. Käme wieder ein so starkes Beben wie 1976, dann gäbe es vielleicht jemanden, der an einem Herzinfarkt stirbt, und vielleicht würde jemand von einem herunterfallenden Ziegel verletzt, aber man müsste nicht mehr unter Trümmern nach Bewohnern suchen."

Zu dem berühmten Dom **Santa Maria Assunta** aus dem 14. Jahrhundert hat es anfangs Meinungsunterschiede gegeben. Sollten die Reste, die noch standen, abgerissen und die Kirche neu errichtet werden? Viele sagten: „Nein! Warum etwas zerstören, was noch da ist?" Am Ende wurde repariert, aber dem Bau auch eine ganz besondere Bebensicherheit gegeben. In die Säulen sind Stahlkerne eingebracht, die 15 Meter in den Felsen hinunter reichen. Es heißt, man könnte theoretisch den Dom samt dem Felsen nehmen und auf den Kopf stellen, er bliebe stehen. Im Jänner 1986 wurde die Restaurierungsphase mit einer Einweihungsmesse abgeschlossen.

Das **gotische Kruzifix** aus dem Dom ist eines der bekanntesten Beispiele der unzähligen Kunstwerke, die stark beschädigt wurden. Es ist auf dem Katalog jener Ausstellung „Friaul lebt" zu sehen, die 1977 in Österreich gezeigt wurde. Initia-

Der schwer beschädigte Dom von Gemona

Das gotische Kreuz im Dom – ein Symbol für die Katastrophe

1986 wurde der Dom von Gemona wieder eingeweiht.

tor dieser Ausstellung war übrigens der Wiener Kardinal Franz König, der so Mittel für Restaurierungen aufzubringen trachtete. Das Kruzifix war unter den Trümmern des Bebens vom 6. Mai zerbrochen. 18 Fragmente wurden geborgen, Restauratoren fügten sie wieder zusammen. Aber das Kinn, die Arme und Zehen waren verloren. Heute hängt das, was von diesem Kreuz blieb, wieder im rechten Seitenschiff des Domes. Der sieben Meter hohe **Christophorus** an der Fassade hatte die Erdbeben einigermaßen überstanden. Als Schutzpatron der Reisenden und Händler – auch all jener, die nach den Zeiten des „Niederlech" nach Gemona kamen und kommen – hatte er wohl besonderen Schutz von „oben".

## INFO

**Frammenti di Memoria**, Via Bini 26, 33013 Gemona del Friuli (UD), Tel.: +39 0432 981441, E-Mail: info@prolocogemona.it, www.turismofvg.it/Ort/Gemona-del-Friuli

**Museo Civico Palazzo Elti** (dort ist auch das Tourismusbüro I.A.T.), Via Bini 9, 33013 Gemona del Friuli (UD), Tel.: +39 0432 971399 oder +39 0432 973211 (Gemeindeamt), E-Mail: info@gemonaturismo.com, www.gemonamusei.altervista.org

**Hotel Willy**, Via Bariglaria 164, 33013 Gemona del Friuli (UD), Tel.: +39 0432 981733, E-Mail: info@hotelwilly.com, www.hotelwilly.com

Venzone vor dem ersten Erdbeben im Mai ...

... und zerstört nach den Beben im September 1976

**Venzone**, etwa elf Kilometer nördlich von Gemona, ist bereits im Jahr 1001 erstmals urkundlich erwähnt und die einzige mittelalterliche Stadt der Region, die noch vollständig von einer Mauer (sie wurde Mitte des 13. Jahrhunderts begonnen und bis ins 15. Jahrhundert vervollständigt) umgeben ist. Oder besser gesagt: wieder umgeben ist. Denn auch hier hatten die Beben furchtbare Folgen. Die zeichnet das **Museum Tiere Motus im Palazzo Orgnani Martina** nach, unter anderem mit einer eindrucksvollen 3D-Computeranimation vom Einsturz des Domes.

Aldo Di Bernardo ist einer der Verantwortlichen des Museums. Er war 1976 vier Jahre alt. „Ich habe kaum Erinnerung an das Beben", erzählt er, „aber ich weiß, dass danach alle Eltern bemüht waren, die Kinder die Folgen möglichst wenig spüren zu lassen." Was nur teilweise gelingen konnte. In einer Filmaufnahme von damals erzählt ein erschreckter kleiner Junge: „Die Schwalben sind zurückgekommen, aber sie haben ihre Nester nicht mehr gefunden. Die Häuser sind ja nicht mehr da."

Der Dom von Venzone stürzte im September vollständig ein …

… und wurde Stein für Stein wieder rekonstruiert.

Die Wohngebäude stehen wieder. Im Zentrum von Venzone konnten die Menschen 1983 ihre Häuser wieder beziehen, weiter außerhalb fünf, sechs Jahre später.

Der Dom **Sant'Andrea** in Venzone, der beim Erdbeben im Mai nur den Turm und einen angrenzenden Fassadenteil eingebüßt hatte, stürzte bei den Beben im September vollständig ein. Zur Wiedererrichtung wurde Stein für Stein katalogisiert. Dann brachte man die Steine auf einem Lagerplatz liegend in die Position, die sie vor dem Einsturz hatten. Der Dom wurde also erst am Boden liegend wieder zusammengesetzt und beschädigte Steine durch gleichwertiges Material ergänzt. 1997 war seine aufwendige und penible Wiedererrichtung fertiggestellt. Und dass sich die Bürger von Venzone so heftig und

Die Wiedererrichtung des Domes war 1997 fertig.

Das Ortszentrum, heute wieder im ursprünglichen Erscheinungsbild

solidarisch für eine Wiedererrichtung der Häuser des historischen Zentrums in ihrem ursprünglichen Erscheinungsbild eingesetzt haben, ist ebenso ein großer Erfolg, den auch die Besucher mehr als vierzig Jahre nach den Erdbeben zu würdigen wissen.

**INFO**

**Museo Tiere Motus**, Palazzo Orgnani Martina, Via Mistruzzi 4, 33010 Venzone (UD), Tel.: +39 0432 985266, E-Mail: info@tieremotus.it, www.tieremotus.it

Monte Melescegn 1384 m
Monte Vas 1964 m
Cima Ombladêt 2255 m
Monte Capolago - Seekopf 2554 m
Krone 2744 m
Creta Monumenz 2499 m
2118 m
Torre del Coston Stella 2211 m
Forni Avoltri
Monte Floriz 2184 m
SR355
Monte Gola 1938 m
Monte Bioichia 1753 m
Coventas 2035 m
Monte Neval 2061 m
Monte Pezzacul 2176 m
Piz di Mede 2094 m
Rigolato
Picco di Saffrucella 1839 m
Monte Pleros 2314 m
Chiampizzulon 1845 m
Monte Runch 1847 m
Monte Talm 1728 m
Monte Pezzet 1664 m
Beretta di Culzin 1496 m
Monte di Truia 1417 m
Pesarina 1263 m
Ravascletto
Pieria
SR465
Comeglians
Pozôf 1626 m
Cret di Laveras 1640 m
Monte Losa 1953 m
Monte Forchia 1900 m
Monte Tamai 1970 m
Ovaro
Monte Arvenis 1968 m
Monte Claupa 1802 m
Monte Forchianon 1179 m
SR355
Monte Cucasit 1731 m
Col Gentile 2076 m
Monte Campo 1855 m
Monte Suelias 1516 m
Cuel di Cjars 591 m
Cludinico
Monte Veltri 2001 m
Monte Avedrugno 1578 m
Monte Seri 1145 m
Monte Marsins 1396 m
Monte Cerantonis 1098 m
Monte Falchia 1258 m
Monte Quas 882 m
Monte Zampin 1443 m
Monfredda 1328 m
Col Maciul 1081 m
Raveo
Monte Nolia 1097 m
Lauco
Ampezzo
Villa Santina
Enemonzo
SS52
Mediis
Socchieve
Monte Jôf 1209 m
Preone
Tagliamento
SR552
Monte Rizzat
Monte

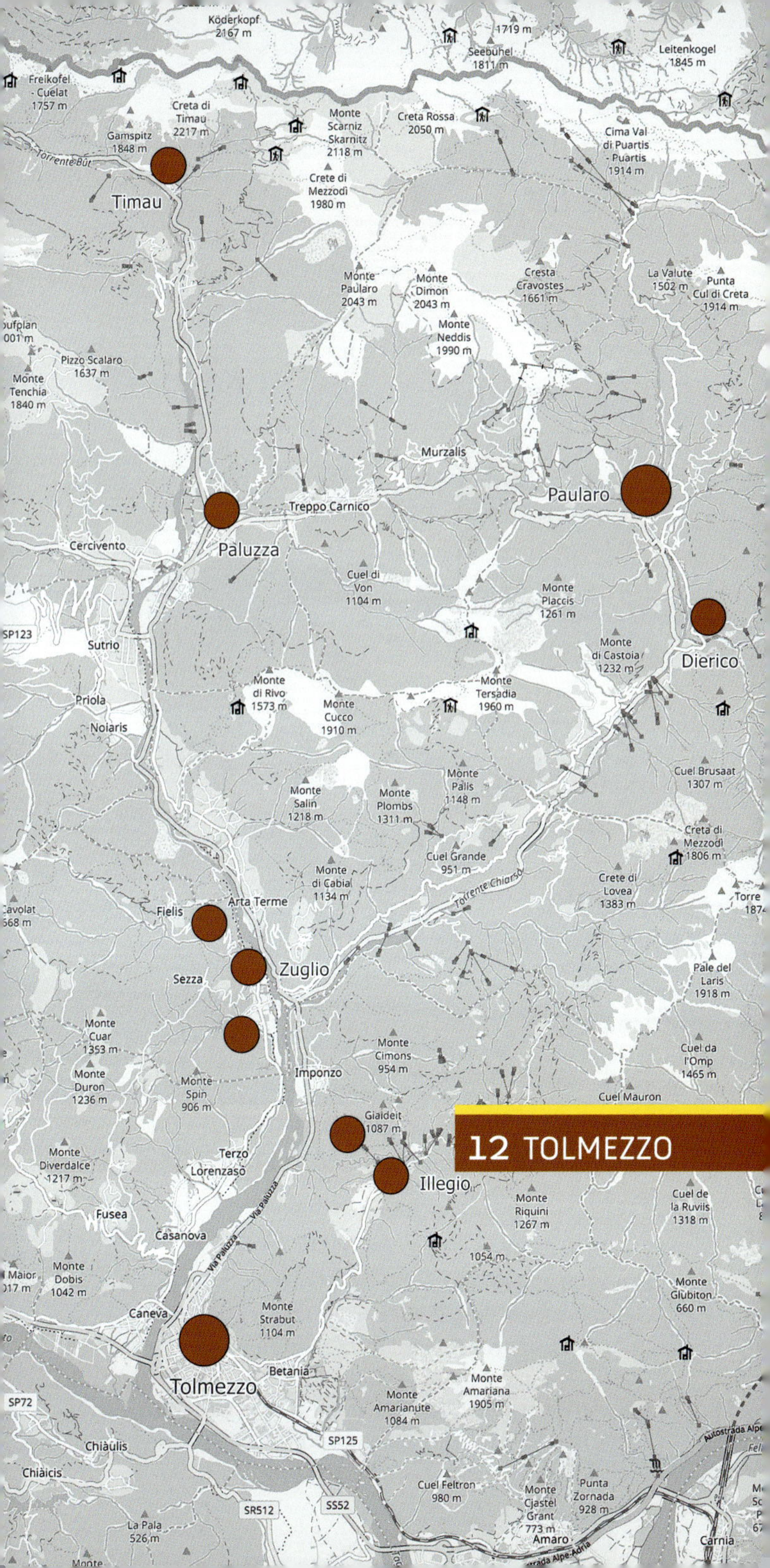

12 TOLMEZZO
Köderkopf 2167 m
1719 m
Seebühel 1811 m
Leitenkogel 1845 m
Freikofel - Cuelat 1757 m
Creta di Timau 2217 m
Monte Scarniz Skarnitz 2118 m
Creta Rossa 2050 m
Cima Val di Puartis - Puartis 1914 m
Gamspitz 1848 m
Torrente Bût
Timau
Crete di Mezzodì 1980 m
Monte Paularo 2043 m
Monte Dimon 2043 m
Cresta Cravostes 1661 m
La Valute 1502 m
Punta Cul di Creta 1914 m
Monte Neddis 1990 m
Pizzo Scalaro 1637 m
Monte Tenchia 1840 m
Murzalis
Paularo
Treppo Carnico
Paluzza
Cercivento
Cuel di Von 1104 m
Monte Placcis 1261 m
Dierico
SP123
Sutrio
Monte di Castoia 1232 m
Monte di Rivo 1573 m
Monte Cucco 1910 m
Monte Tersadia 1960 m
Priola
Noiaris
Cuel Brusaat 1307 m
Monte Salin 1218 m
Monte Plombs 1311 m
Monte Palis 1148 m
Creta di Mezzodì 1806 m
Cuel Grande 951 m
Monte di Cabia 1134 m
Crete di Lovea 1383 m
Torrente Chiarsò
Arta Terme
Fielis
Zuglio
Sezza
Pale del Laris 1918 m
Monte Cuar 1353 m
Monte Cimons 954 m
Cuel da l'Omp 1465 m
Monte Duron 1236 m
Monte Spin 906 m
Imponzo
Cuel Mauron
Giaideit 1087 m
Monte Diverdalce 1217 m
Terzo
Lorenzaso
Illegio
Monte Riquini 1267 m
Cuel de la Ruviis 1318 m
Via Paluzza
Fusea
Casanova
1054 m
Monte Dobis 1042 m
Monte Glubiton 660 m
Monte Strabut 1104 m
Caneva
Betania
Tolmezzo
SP72
Monte Amarianute 1084 m
Monte Amariana 1905 m
SP125
Autostrada Alpe
Chiàulis
Chiàicis
Cuel Feltron 980 m
Monte Cjastel Grant 773 m
Punta Zornada 928 m
SR512
SS52
La Pala 526 m
Amaro
Carnia

# 12 Karniens Bergwelten

Beim Monte Strabut auf etwa 600 Meter Seehöhe liegt ein erstaunliches Bergdorf. Es heißt **Illegio** und ist Teil der Gemeinde Tolmezzo. Eine schmale Straße führt vom Tal ungefähr sechs Kilometer hinauf, zum Teil in den Felsen gehauen, vorbei an einem enormen Schotterkegel, bis sich oben ein kleines, grünes Tal auftut, wo das Dorf liegt.

Illegio ist erstaunlich aus verschiedenen Gründen. Erstens wegen der Struktur dieser karnischen **Dorfanlage** als wehrtaugliches Ensemble. Geschlossene Höfe erinnern an römische Anlagen. Zweitens wegen der fünf malerischen kleinen **Mühlen**, die sich – zum Teil noch funktionsfähig – entlang eines Baches aneinanderreihen. Das Wasser kommt aus einer Quelle, die im Grund eines rechteckigen Beckens oberhalb der

Tolmezzo liegt am Zusammenfluss des But mit dem Tagliamento.

Mühlenkette aus dem Boden quillt. Zum Staunen Anlass gibt auch die Kirche **Pieve di San Floriano**, die oberhalb von Illegio auf einem Felsen steht und vom Ort aus nur zu Fuß in etwa 45 Minuten erreicht werden kann. Sie ist eine der ältesten Kirchen Karniens und dürfte aus dem 9. Jahrhundert stammen. Immer Anfang Mai ist sie Zielpunkt zahlreicher Pilger, sonst ist sie nur im Sommer, meist an Sonntagen, geöffnet.

In dieser urtümlichen Umgebung der karnischen Bergwelt überrascht es auch, dass ein kleines Ausstellungszentrum geschaffen wurde. Regelmäßig werden vom Comitato di San Floriano interessante **Kunstausstellungen** organisiert, die in dieser Qualität hier niemand vermuten würde. Karnische Küche lässt sich im Ort ebenfalls entdecken. Doch damit ist es noch nicht genug mit dem Bemerkenswerten. Unterhalb des Ortes wurden bei archäologischen Grabungen sowohl **Reste einer frühchristlichen Kirche** als auch einer **langobardischen Siedlung** gefunden. So steht Illegio symbolisch für vielerlei, das den Zauber der friulanischen, der karnischen Bergwelt ausmacht. Für jeden etwas Attraktives, ob Bergsteiger, Wanderer, Kulturliebhaber oder hungriger Magen.

### INFO

**Mostra Internazionale di Illegio**, Casa delle Esposizioni, Via San Floriano, 33028 Illegio Tolmezzo (UD), Tel.: +39 0433 44445, www.illegio.it. Für Führungen in deutscher Sprache bittet das Comitato di San Floriano um Anmeldung 2 Tage im Voraus: Tel.: +39 349 199 6631.

Das Bergdorf Illegio gehört zur Gemeinde Tolmezzo ...

... und ist bekannt für seine alten Mühlen ...

... sowie die Pieve di San Floriano am Hügel über dem Ort.

Tolmezzo mit den Arkadengängen der Via Roma

Die Piazza XX Settembre mit dem Rathaus ...

In der Senke unterhalb von Illegio liegt nahe dem Zusammenfluss des But mit dem Tagliamento der Stadtkern von **Tolmezzo**, des Hauptortes Karniens. Das gehört zur Provinz Udine, aber die Tolmezziner und Karnier denken immer wieder laut über eine eigene Provinz nach, ein in Zeiten der Verwaltungsvereinfachung wohl unrealistisches Unterfangen.

Über Karnien als nördlichen Teil von Friaul gibt es in Tolmezzo viel zu erfahren. Die stimmungsvollen Arkadengänge der Häuser in der Via Roma führen zur **Piazza XX Settembre**, die vom Rathaus, dem Dom und dem Palazzo Garzolini eingefasst wird sowie von einem Gebäude, auf dem „Ristorante Roma" zu lesen steht. Auch wenn dieses Restaurant inzwischen geschlossen ist: Hier wurde kulinarische Geschichte geschrieben. Nicht nur, weil im Roma einst der bekannteste karnische Koch **Gianni Cosetti** (1939–2001) gekocht hat, sondern auch – so wird in Tolmezzo mit Stolz betont – weil hier die vermutlich berühmteste Süßspeise Italiens, das **Tiramisù**, erfunden wurde.

Das Ehepaar Giuseppe Del Fabbro und Norma Pielli betrieb das Roma in den 1950er Jahren. Norma schuf aus Eiern,

… und mit der Kirche San Martino

Der Textilunternehmer Jacopo Linussio

Biskotten, Kaffee, Mascarpone, Zucker und Kakaopulver die köstlichen weichen Schnitten. Ob der Hausherr in der Folge den Namen Tiramisù kreiert hat, der „zieh mich hinauf" (weil es so gut ist!) bedeutet, oder ob es Gäste des Hauses waren, darüber wird Unterschiedliches berichtet. Außerdem erhebt noch ein zweiter Ort Anspruch auf die Urheberschaft des Dolce, das Ristorante Coppa Vetturino in Pieris bei San Canzian d'Isonzo in der Provinz Gorizia. Und auch aus der Nachbarregion Venetien kommt ein Beitrag zu diesem Streit: Das Ristorante Le Beccherie in Treviso will ebenfalls die Wiege des Tiramisù sein. Wer auch immer recht hat: Das Landwirtschaftsministerium in Rom hat jedenfalls entschieden, diese süße Versuchung auf die Liste der Prodotti Agroalimentari Tradizionali della Regione Friuli Venezia Giulia aufzunehmen. Damit ist zumindest die Region als ursprünglicher Herkunftsort festgeschrieben, sehr zum Missfallen Venetiens.

Auf der Piazza XX Settembre gegenüber dem Rathaus lässt sich jedenfalls in der Bar Jacopo Linussio ein stärkender Kaffee genießen. Die Bar ist benannt nach einem Mann, der zum wirtschaftlichen Aufschwung Tolmezzos im 18. Jahrhundert maßgeblich beigetragen hat. Es wird berichtet, **Jacopo**

Ein Stoff der Tessitura Linussio, einst größte Textilfabrik Europas

Heute führt Carnica Arte Tessile die Textil-Tradition weiter.

**Linussio** (1691–1747) sei der erste Unternehmer Karniens gewesen. Und er sei auch der erste Unternehmer in Europa gewesen, der die Heimarbeit für Frauen ermöglicht hat. Linussio, der in seiner Jugend im kärntnerischen Villach die Verarbeitung von Wolle und Leinen erlernt hatte, brachte mit seinen Textilfabriken erst in Moggio, dann in Tolmezzo eine große Tradition der Textilkunst auf den Weg.

Die Tessitura Linussio galt als die damals größte Textilproduktion in Europa, bis zu 30.000 Menschen fanden Beschäftigung. Das Leinen wurde in Linussios 300-Hektar-Betrieb in San Vito al Tagliamento angebaut und das Garn in den umliegenden Orten gesponnen. Mitte des 18. Jahrhunderts in Tolmezzo mehr als 40.000 Stoffballen pro Jahr zu erzeugen und auf die europäischen Märkte zu bringen, das war zweifellos eine beachtliche Leistung. Die Fabrik und der ehemalige Palazzo Linussio etwas außerhalb des Zentrums von Tolmezzo in der Via Jacopo Linussio zeugen von der wirtschaftlichen Bedeutung, auch wenn sie im 20. Jahrhundert in eine Kaserne umgewandelt wurden. Die wurde geschlossen. Eine Besichtigung des mit prächtigen Fresken ausgestatteten Palazzo wird erst nach einer geplanten Restaurierung möglich sein.

Der Palazzo Linussio in Tolmezzo

Das Museo Carnico delle Arti Popolari Michele Gortani

Linussio ist natürlich ein Thema im **Museo Carnico delle Arti Popolari Michele Gortani**, dem Karnischen Museum der Volkskunst im **Palazzo Campeis**. Der namensgebende Michele Gortani war als Geologe der wichtigste Forscher des Paläozoikums in Karnien, also des Erdaltertums vor etwa 500 bis 250 Millionen Jahren, in dem sich wesentliche Teile der Karnischen Alpen bildeten. In dem Museum ist viel vom einstigen Leben in Karnien dargestellt, Möbel, Keramik, Alltagsgegenstände, Werkzeuge, ganze Zimmer und Küchen aus dem 19. Jahrhundert. Aber auch Webstühle, wie sie zur Zeit Linussios Verwendung fanden. Die Tradition dieser Webkunst führt heute die **Weberei Carnica Arte Tessile** nur wenige Kilometer von Tolmezzo entfernt in Villa Santina weiter.

## INFO

**Museo Carnico delle Arti Popolari Michele Gortani**, Via della Vittoria 2, 33028 Tolmezzo (UD), Tel.: +39 0433 43233, E-Mail: info@museocarnico.it, www.museocarnico.it

**Carnica Arte Tessile**, Via Nazionale 14, Borgo S. Antonio, 33029 Villa Santina (UD), Tel.: +39 0433 74129, E-Mail: tessitura@carnica.it, www.carnica.it

Der Schnitzaltar in der Kirche von Dierico

Der Unternehmer Linussio stammte aus Paularo. Dieses Dorf ist zu erreichen, wenn man von Tolmezzo aus erst das Tal des Flusses But entlangfährt und nach etlichen Kilometern rechts in das Tal des Chiarsò einbiegt. Die Landschaft wird immer idyllischer.

Kurz vor Paularo liegt auf einer Bergkuppe der Ort **Dierico**. Dort lässt sich in der Kirche **Santa Maria Maggiore** am Ende der Via Padre Reginaldo Giuliani einer der schönsten Renaissance-Altäre Karniens bewundern (den Schlüssel bekommt man im Haus vis-à-vis). Von der alten Kirche hat nur die Apsis das Erdbeben von 1976 überlebt, hier steht der wunderschöne Schnitzaltar von 1522 des Bergamaskers Antonio Tironi. Künstler wie er aus der Gegend von Bergamo bei Mailand haben im 16. Jahrhundert die Schnitzkunst in Friaul mitgeprägt. In drei Ebenen sind die Heiligenfiguren mit der Madonna in der Mitte auf dem vergoldeten Altar angeordnet, jede einzelne ganz fein gearbeitet.

Das Denkmal für Jacopo Linussio in seinem Geburtsort Paularo

Kaum zwei Kilometer weiter liegt das Ortszentrum von **Paularo**. Logisch, dass ganz zentral an der Piazza Nascimbeni ein **Linussio-Denkmal** steht. Der Palazzo Linussio, nahe der Brücke über den Fluss Chiarsò war ein Wohnhaus der Unternehmerfamilie. Der Ort ist überhaupt bekannt für die prächtigen Palazzi, die kaum jemand in dieser einschichtigen Berggegend erwartet. Gleich links hinter der Brücke im alten Ortsteil Borgo San Antonio steht in der Via S. Sbrizzai 10 einer dieser Bauten, der **Palazzo Calice-Screm** vom Ende des 16. Jahrhunderts. Die Familie Calice betrieb einst für Venedig hier die Waldwirtschaft. Die hofseitige Fassade des Palastes ist geprägt von schönen Bogengängen.

Die Straße daneben, die Via Guglielmo Marconi, steigt steil an auf den Hügel, auf dem die im späten 18. Jahrhundert errichtete Pfarrkirche **San Vito** liegt. Sie ist erreichbar über Fußwege von der Via Marconi oder der Strada Provinciale 23. Von hier aus öffnet sich ein schöner Blick über Paularo und seine Palazzi. Ein besonders markanter Bau thront auf einem Hügel

Der Palazzo Calice-Screm in Paularo

Der Palazzo Calice-Valesio auf einem Hügel oberhalb des Zentrums

nebenan: der **Palazzo Calice-Valesio**, dort, wo die Via Pal Piccolo in einen ganz schmalen Weg mündet mit einem Parkplatz am Ende. Ein mächtiges, L-förmiges Gebäude, von einer hohen Mauer umgeben, zwischen dem 15. und dem 17. Jahrhundert errichtet.

Die Landstraße SP 23 durch die Berge führt nun in Richtung Westen und ist auch bei Zweiradfahrern aller Art beliebt, den motorisierten und denen, die auf Muskelkraft vertrauen. Paularo, 648 Meter Seehöhe, Ligosullo, 950 Meter, Treppo

Spuren des Ersten Weltkriegs: Das Ossario (Beinhaus) von Timau

Über Paluzza führt die Straße nach Norden zum Plöckenpass.

Carnico, 671 Meter, noch ein Stückchen tiefer dann **Paluzza** auf 605 Meter – auch der Giro d'Italia zieht hier fallweise durch.

Nach Paluzza kommt übrigens auch, wer über den Plöckenpass (Passo di Monte Croce Carnico) nach Friaul kommt, an **Timau** vorbei, das im einheimischen Dialekt dieser deutschen Sprachinsel Tischlbong genannt wird. Paluzza selbst gehört nicht mehr zu dieser Sprachinsel, doch die Varianten des Friulanischen, die in Karnien gesprochen werden, lassen im Unter-

Beliebtes Volksfest in Paluzza: der Wettkampf mit Holzschlitten

schied zum Friulanischen der Ebene immer wieder Einflüsse der deutschen Sprache erkennen, zum Beispiel beim Wort „cartufulis", den Kartoffeln. Überall in dieser Gegend trifft man auf Spuren des Ersten Weltkrieges, der hier oft nicht weniger heftig ausgetragen wurde als entlang des Isonzo. Paluzza ist mit seiner hohen Dichte an Bars und Trattorien ein vor allem im Sommer lebendiger Ort.

## TIPP

Mitte August findet in Paluzza der **Palio das cjarogiules** statt, unterschiedliche Wettkämpfe unterhalten die Besucher, wie urtümliches Wettsägen und Wettläufe mit Schlitten auf Rädern, die früher für Heu- oder Holztransporte verwendet wurden. Informationen: www.paliodipaluzza.it

Das Tal des But war in den Jahrhunderten stets eine Durchzugsstrecke. Die römische Straße Iulia Augusta führte auch diesen Fluss entlang, weshalb etwas südlich von Paluzza der heutige Ort **Zuglio** einst als römisches Iulium Carnicum zum Schutz dieser Straße große Bedeutung hatte. Überreste eines **Forums**, eines **Tempels**, einer **Therme**, einer **Basilika** und etlicher **mosaik- und malereiverzierter Wohnhäuser** wurden hier ausgegraben, Fundstücke im Museum gesammelt.

Auch hier thront wie in Illegio über dem Ort eine uralte Kirche. Zu **San Pietro** werden bei Christi Himmelfahrt mit bunten Bändern geschmückte Kreuze getragen, mit denen das Kruzifix der Kirche berührt wird. Dieser „Kuss der Kreuze" soll

Die römischen Ausgrabungen in Zuglio

Geschmückte Kreuze am Weg zu San Pietro oberhalb von Zuglio

Schutz für all jene Gegenden bringen, aus denen die Kreuze hier heraufgetragen werden. Derlei Bräuche sind ja in Karnien immer wieder anzutreffen. Was allerdings eine Rarität ist, ist der botanische Garten noch weiter oben am Berg auf 750 Meter Höhe mit mehr als 1.000 einheimischen Pflanzen. Angelegt hat ihn 1996 eine ökumenische Gemeinschaft namens „Polse di Cougnes", die die Anlage auch betreut.

## INFO

**Museo Archeologico Iulium Carnicum**, Via Giulio Cesare 19, 33020 Zuglio (UD), Tel.:+39 0433 92562, E-Mail: museo.zuglio@libero.it, www.comune.zuglio.ud.it oder www.carniamusei.org

**Botanischer Garten: Fondazione Polse di Cougnes**, Via Val 6, 33020 Zuglio (UD), Tel.: +39 0433 929084, E-Mail: info@fondazionelapolse.it, www.fondazionelapolse.it

Der Käsemacher Bepo Rugo aus Enemonzo

Käsemachen hat in Karnien eine besondere Tradition.

Nach viel Kultur noch Lust auf Käse? Und auf Kekse? Dann muss nach der Rückkehr in Richtung Tolmezzo wegen der Kekse noch ein Abstecher das Tagliamento-Tal flussaufwärts nach **Raveo** gemacht werden. Berühmt sind sie in ganz Karnien, die **Esse di Raveo**, die so heißen, weil sie die Form eines S (auf Italienisch „esse") haben. Erstmals gebacken hat sie 1923 der Bäcker Emilio Bonanni, der das Angebot seiner kleinen Bäckerei in Raveo damit aufbessern wollte.

Das typische Gebäck aus Raveo: die Esse-Kekse

Und Käseliebhaber sollten sich die **Käsereien** in **Enemonzo** nicht entgehen lassen. Giuseppe „Bepo" Rugo ist nicht nur ein Original, er erzeugt in seinem Betrieb viele Käsesorten nach Methoden der mehr als 100-jährigen Tradition seiner Familie. Diesen Käse bekommt man im Geschäft Carniagricola in Enemonzo. Außerdem erfreut auch die Kooperative Caseificio Val Tagliamento den Gourmet mit einem großen Käseangebot.

### INFO

**Aldo Bonanni Esse di Raveo**, Zona Artigianale 3, 33029 Raveo (UD), Tel.: +39 0433 746030, E-Mail: info@aldobonanni.com, www.aldobonanni.com

**Carniagricola**, Via Nazionale 6, 33020 Enemonzo (UD), Tel.: +39 0433 74276, E-Mail: info@carniagricola.it, www.carniagricola.it

**Caseificio Enemonzo**, Via Casolari 3, 33020 Enemonzo (UD), Tel.: +39 0433 74349, E-Mail: info@caseificioenemonzo.it, www.caseificiovaltagliamento.it

Friaul ist reich an malerischen Weinlandschaften.

# Der Weingarten Friaul Julisch Venetien

Im Ort Rauscedo nahe Spilimbergo prangt ein großes Schild: „Le radici del vino“, die Wurzeln des Weins. Das gilt in des Wortes ursprünglichster Bedeutung, denn Rauscedo ist ein Zentrum der Rebschulen. Hier befindet sich eine der größten Rebschulen der Welt, die Vivai Cooperativi Rauscedo VCR. Und nicht nur die. Auch einige andere Betriebe wie Vitis Rauscedo erzeugen hier Rebensetzlinge aller Sorten, passende Klone für jede Art von Boden. Von hier gehen viele Millionen Stück rund um den Globus. „Barbatelle“ werden sie genannt, weil die Wurzeln der veredelten, in Wachs getauchten Stecklinge wie ein „barba“, ein Bart, aussehen. Da haben die Stecklinge schon einen Sommer auf einem der vielen Felder der Ebene hinter sich. Im Herbst haben sie Wurzeln gebildet und werden herausgenommen. Sie überwintern in Kisten mit Sand, ehe sie im folgenden Frühjahr in die ganze Welt verkauft werden. Aber natürlich werden auch die heimischen Weingärten gerne mit den „barbatelle“ aus Rauscedo bestückt.

Der Weinbau ist eine wesentliche wirtschaftliche Basis für die Region Friaul Julisch Venetien, mit unerschöpflichen Möglichkeiten für Weinfreunde, auf Entdeckungsreisen zu gehen. Es waren die Römer, die im 2. Jahrhundert vor Christus die ersten Rebstöcke setzten. Heute sind in Friaul Julisch Venetien mehr als 21.000 Hektar mit Weingärten bepflanzt, davon 19.700 Hektar in DOC-Zonen (also Zonen des Qualitätslevels Denominazione di Origine Controllata / Kontrollierte Herkunftsbezeichnung), davon 11.800 Hektar für Weißwein, 7.900 für Rotwein. Etwa 1.500 Winzer sind aktiv, 1.200 davon bewirtschaften weniger als zehn Hektar. Die Palette ist breit: vom in den traditionellen „damigiane“, also in Glasballons, hergestellten Wein für den Eigenbedarf bis zum Top-Wein als Ergebnis modernster Weingarten- und Kellerarbeit mit Stahltank und Fass.

Neun DOC- und drei DOCG-Zonen zeigen die Produktvielfalt an:
DOC Friuli Latisana
DOC Friuli Grave
DOC Friuli Annia
DOC Friuli Aquileia
DOC Colli Orientali
DOC Ramandolo
DOC Collio
DOC Friuli Isonzo
DOC Carso

DOCG Colli Orientali del Friuli Picolit
DOCG Ramandolo
DOCG Rosazzo

Neu geschaffen wurde DOC Friuli Venezia Giulia mit dem Ziel als gemeinsame Marke leichter auf dem Markt sichtbar zu werden.

Dazu kommen die interregionalen, also sich über Friaul und Venetien erstreckenden Gebiete DOC Lison-Pramaggiore und DOC Prosecco sowie auch DOC Pinot Grigio delle Venezie, deren Gebiet Venetien, Friaul Julisch Venetien und die Provinz Trento umfasst.

Außerdem gibt es die Bezeichnungen Indicazioni Geografiche Tipiche IGT delle Venezie und IGT della Venezia Giulia.

Die mit etwa 5.500 Hektar meist angebaute und auch meistverkaufte Sorte ist der Pinot Grigio (Grauburgunder). Bei den Rotweinen führt der Merlot mit mehr als 3.900 Hektar. Außer den internationalen werden auch autochthone, also nur hier heimische, Sorten angepflanzt.

Eine 100-jährige Friulano-Rebe in Cividale

# Autochthone Weine

## Weiße autochthone Sorten

*Friulano:* Der beliebteste trockene friulanische Weißwein aus der Tocai-Friulano-Rebe heißt seit 2007 nur noch Friulano. Die Ungarn hatten wegen befürchteter Verwechslung mit ihrem süßen Tokaji beim EU-Gerichtshof geklagt und Recht bekommen. Wer in Friaul in eine Trattoria auf einen „tajut" (ein Glas Wein) geht, bekommt meist diesen Wein. Die Rebsorte ist verwandt mit dem Sauvignon, weshalb der Wein im slowenischen Teil des Collio auch als Sauvignonasse angeboten wird. Frisch, mit reichem Blüten-Bukett und leichtem Mandelaroma.

*Ribolla Gialla:* Er zählt zu den ältesten autochthonen Sorten Friauls und wird schon im Mittelalter erwähnt. Feine Säure und Zitrusaromen verleihen ihm seine Charakteristik, egal ob der „gelbe Ribolla" still oder als Spumante ausgebaut wird (wozu er sich besonders gut eignet). Um sein volles Aroma mit Akazien- und Kastanientönen zu entfalten, braucht er hügelige Weingärten, in der Ebene bleibt er allzu einfach.

*Malvasia Istriana:* Dieser würzige Wein trägt seinen Namen, weil erste schriftliche Nachweise um 1300 aus Istrien kommen. Sein Ursprung scheint am griechischen Peloponnes zu liegen, von wo er von den Venezianern mitgebracht worden sein soll. Die Sorte ist verwandt, aber nicht identisch mit an-

Rebsetzlinge werden nach dem Veredeln mit Wachs überzogen ...

deren Malvasia-Arten in Italien. Malvasia Istriana, der im Karst wächst, hat eine besonders intensive Mineralität.

*Verduzzo Friulano:* Die Sorte zeigt zwei Bio-Typen: Der Grüne Verduzzo („verde“) wird in der Ebene angebaut zur Produktion von trockenem Weißwein. Der Gelbe Verduzzo („giallo“) wächst im Hügelland und ist die Basis für Süßweine wie den *Ramandolo*, der nach dem gleichnamigen Ort am Fuß der Berge benannt ist. Die nächtliche Kühle der Berge ist eine wichtige Klimabedingung zur perfekten Reifung des Ramandolo. Alle Verduzzo-Weine zeigen Mandelaroma.

*Prosecco:* Auch wenn der Prosecco im Allgemeinen mit Valdobbiadene in Venetien assoziiert wird, kommt die Rebe doch aus dem gleichnamigen Ort oberhalb von Triest im Karst. Von dort wurde sie vor etwa 150 Jahren nach Venetien exportiert, wo die Vermarktung besser gelang als in Friaul. Hier wird der Wein nach wie vor viel angebaut, aber nun aus Konkurrenzgründen oft unter dem alten Namen *Glera* vermarktet. Als stillen Wein ebenso wie als Spumante genossen zeichnet ihn sein unkompliziertes fruchtiges Aroma aus.

*Vitovska:* Er wächst hauptsächlich im Karst und vereinzelt im Isonzo-Gebiet, seine Wurzeln liegen vermutlich im nahen slowenischen Vipava/Wippachtal. Bis vor einigen Jahren wurde er meist mit anderen Sorten verschnitten, denen er zusätzli-

... und im Frühjahr zum Bewurzeln auf Felder gesetzt.

che Frische gab. Aber auch reinsortig ausgebaut überzeugt er mit dem Aroma von Birnen und weißen Blüten.

*Picolit:* Der süße Picolit war schon im 18. Jahrhundert in Europas Adelshäusern und Höfen überaus beliebt. Er hat seinen Namen von „piccolo“, den typischen kleinen Beeren, die ganz unregelmäßige Trauben bilden. So wird aus dem unbekannten „hässlichen Entlein“ ein Schwan. Weinpapst Luigi Veronelli hat den Picolit als großartigsten Wein Italiens bezeichnet. Sein Aroma von Akazienhonig, Pfirsichen und Marillen spielt in vielen Variationen.

## Rote autochthone Sorten

*Refosco dal Peduncolo Rosso:* Mit seinen roten Stängeln ist er die bekannteste unter den roten autochthonen Sorten Friauls und die edelste Variante der großen Refosco-Familie. Zu dieser Gruppe gehören auch der *Refosco di Faedis, Refosco d'Istria, Refosco di Rauscedo, Refosco Magnacan, Refoscone und Refosco del Carso*, der als Wein den Namen *Terrano* trägt. Der Refosco dal Peduncolo Rosso wächst auf allen Böden gut. Als *Passito* (aus vorgetrockneten Trauben) und im Barrique-Fass ausgebaut entwickelt der Wein besonders ansprechende Struktur bei vieltönigem Duft mit Kirschen- und Blütenaromen.

Heute gibt es in Friaul Julisch Venetien 21.000 Hektar Weingärten.

*Pignolo:* Rubinrot und mit hohem Lagerungspotential wird der Pignolo auch der „Barolo Friauls" genannt, ein Spitzenprodukt der Region. Sein Name leitet sich ab von „pigna", dem Pinienzapfen, dem seine Trauben in der Grundform ähneln. Die Pflege des Pignolo im Weingarten ist nicht ganz einfach, er benötigt viel Wärme, um gut zu reifen. Seine Brombeer- und Heidelbeeraromen kommen am besten zur Geltung, wenn der Wein etwa fünf Jahre alt ist und auch wenn die Trauben schon vor der Vinifizierung an der Luft vorgetrocknet werden. Er hat eine sehr gute Lagerfähigkeit, auch mit zwanzig Jahren kann er noch begeistern.

*Schioppettino:* Lange Jahre waren der Schioppettino, eigentlich *Ribolla Nera* oder im Slowenischen des Grenzlandes auch *Pokalca* genannt, ziemlich vergessen. Inzwischen ist sein Potential erkannt. In der Gegend von Prepotto südlich von Cividale (nicht zu verwechseln mit dem Ort Prepotto im Karst!) entstehen famose Spielarten des Schioppettino. Er war übrigens der erste friulanische Rotwein, der im Barrique-Fass ausgebaut wurde, das war 1977. Der Name kommt vom Wort „scoppiettare", das beschreiben soll, mit welchem Geräusch die Trauben mit ihrer harten Haut platzen. Mindestens zwei Jahre muss der Schioppettino im Holzfass liegen, ehe er in den Handel kommt – mit herrlichem Aroma von Waldfrüchten und Kirschen.

Das klassische Weißweinland hat auch mit Rotweinen gute Erfolge.

*Tazzelenghe:* Woher er stammt, weiß man nicht sicher, allerdings zählt er zu jenen uralten Reben, die in langen Reihen an den Hügeln wuchsen. Der Name kommt von „taglia la lingua“ / „schneidet die Zunge“, denn der Wein weist sehr kräftige Tannine auf, verstärkt durch beständige Säure. Ein Wein, der zur Reifung nach dem Holzfass förmlich schreit. Wenn der Tazzelenghe gut gemacht ist, erfreut er durch seine Eleganz und gute Lagerfähigkeit.

## Die seltenen autochthonen Sorten

Die meisten der nachstehenden Raritäten hat der Winzer Emilio Bulfon wiederentdeckt. Er baut sie in seinen Weingärten in den Gemeinden Pinzano al Tagliamento und Castelnovo del Friuli an, nur wenige andere Weinbauern beschäftigen sich mit diesen Sorten.

### Weiße Raritäten

*Cividin:* Ein im 18. Jahrhundert ebenso wie heute wegen seines feinen Aromas geschätzter Wein, der ursprünglich an den Ausläufern der Berge in Richtung Ebene, besonders auch im

Autochthone und internationale Sorten werden in Friaul angebaut.

Natisone-Tal, angebaut wurde. Ein körperreicher Wein voller Duft nach Kräutern und Honig.

*Sciaglin:* Bekannt war der Sciaglin bereits im 15. Jahrhundert in Spilimbergo. Heute wächst er in der Gegend von Pordenone, über Spilimbergo bis hinauf nach Vito d'Asio. Der Name leitet sich wohl ab vom *Schiavolino*, dem slawischen Wein aus dem Gebiet, das im Osten an die Julischen Alpen grenzt. Ein fruchtiger, harmonischer Wein.

*Ucelut:* Diese Sorte gehört zu den „uve uccelline", also jenen Reben, die wild an Waldrändern wuchsen und deren Trauben von den „uccelli", den Vögeln, gerne gefressen wurden. Ein wunderbarer Dessertwein voller Honig- und Akazienblüten-Aroma, weniger süß als der *Picolit* und weniger tanninig als der *Ramandolo.*

## Rote Raritäten

*Cjanorie:* Er wurde wiederentdeckt am Fuß der Hügel hinter Pinzano al Tagliamento. Der Name kommt vom friulanischen „cjanor", blass, entsprechend dem blassen Rot des Weines. Er hat ein feines Aroma roter Beeren.

*Cordenossa:* Auch als *Marzotto* bekannt, der auf der rechten Seite des Tagliamento von Pinzano bis San Vito al Tagliamento angebaut wurde. Ein Wein mit gutem Aroma, aber nicht sehr kraftvoll.

*Corvino:* Er war einst ein viel angebauter Wein von dunkler Farbe („corvo"/„der Rabe"). Jetzt ist er kaum noch zu finden, obwohl der Wein gute Struktur und das Aroma roter Beeren aufweist.

*Forgiarin:* Benannt nach dem Ort Forgaria nahe Pinzano war die Rebe früher auch in der Gegend von San Daniele sehr verbreitet. Ein sehr harmonischer Wein mit Beeren-Aromen und erfrischender Säure.

*Fumat:* Diese Rebsorte wurde früher vorwiegend in der Gegend von Palmanova, aber auch in San Daniele und Fagagna angebaut. Der Name leitet sich vermutlich von der Tatsache ab, dass der Wein am Gaumen leicht nach Rauch schmeckt („fumare"/„rauchen").

*Piculit Neri:* Nicht zu verwechseln mit dem weißen Picolit oder dem Picolit rosso, mit denen der Piculit Neri nicht verwandt ist. Der Name stammt vom Ort Piculit, bedeutet „kleiner Hügel" und wurde hauptsächlich rechts vom Tagliamento angebaut. Sein zartes Rubinrot und das feine Vanille-Aroma erfreuen.

## Internationale Weine

### Weiße internationale Sorten

*Pinot Grigio/Grauburgunder:* Der meistangebaute Wein in Friaul. Sein Name kommt von der Traubenschale, die kupfergrau gefärbt ist. Ein unkomplizierter, fruchtiger Wein mit Nuss- und Stroh-Aromen.

*Sauvignon:* Einer der besten Weißweine, die in Friaul zu finden sind. In den letzten Jahren sind enorme Qualitätssprünge zu beobachten, viele Produzenten spielen international in der obersten Liga mit. Eleganz und ein von grasigen, grünen Tönen geprägtes Bukett mit dem Duft von Holunderblüten zeichnen den Sauvignon aus.

*Chardonnay:* Ende des 19. Jahrhunderts kam diese Rebsorte in den damals zur österreichisch-ungarischen Monarchie gehörenden Collio. Der gehaltvolle Wein bietet sich für den

Ausbau im großen Holzfass genauso an wie für den Ausbau im Barrique-Fass, da kann er seine Honig- und Vanille-Töne prächtig entfalten.

*Pinot Bianco/Weißburgunder:* Durch den in Capriva ansässigen Grafen La Tour kam die Rebsorte Ende des 19. Jahrhunderts in die Gegend von Gorizia. In den verschiedensten Gegenden Friauls reift er nun zu einem nuancenreichen, überaus eleganten Wein.

*Riesling Renano/Rheinriesling:* Gemeinsam mit dem Sauvignon zählt er zu den edelsten unter den aromatischen Weißweinen. In kühleren Zonen der Colli Orientali und auf steinigem Boden wird aus ihm ein schlanker und doch strukturreicher Wein.

*Riesling Italico/Welschriesling:* Der Riesling Italico wird fast ausschließlich im Collio und nur in geringen Mengen angebaut. Ein frischer Wein, der jung getrunken werden soll.

*Moscato giallo / Gelber Muskateller:* Dieser aromatische Wein wird vorzugsweise in den Gegenden von Gorizia und Triest angebaut, in geringen Mengen auch als Spumante vinifiziert.

*Traminer aromatico/Gewürztraminer:* Ein gehaltvoller Wein, der im Weingarten und im Keller dem Winzer viel Können abverlangt. Sein harmonisches Aroma erinnert an Muskatnuss.

## Rote internationale Sorten

*Merlot:* In der zweiten Hälfte des 19. Jahrhunderts kamen die ersten Merlot-Reben nach Friaul Julisch Venetien. Heute ist die Sorte die in der Region am meisten angebaute Rotweintraube. Ein voller, aromatischer, von Himbeernoten belebter Wein mit großem Potential.

*Cabernet Franc:* Nicht zu Unrecht zählt die Sorte zu den größten Weinen der Welt. Egal, ob er pur vinifiziert oder mit anderen Sorten wie Merlot oder Cabernet Sauvignon verschnitten wird, immer kann ein körperreicher Wein entstehen, der durch seinen Tanningehalt auch große Lagerfähigkeit hat.

Ruhezeit im Weingarten – der friulanische Winter

*Cabernet Sauvignon:* Wie der Merlot und der Cabernet Franc ist die Sorte stark verbreitet und wie diese gut zum Lagern geeignet. Strukturreich und doch harmonisch verfeinert er im Lauf der Jahre seine Aromen.

*Franconia/Blaufränkischer:* In der zweiten Hälfte des 19. Jahrhunderts aus Österreich in die Region gekommen ist der Franconia nicht nur wegen seines feinen Aromas beliebt, sondern auch weil er rasch reift und schon nach kurzer Zeit verkauft werden kann.

*Pinot nero / Roter Burgunder:* Er wird als Rotwein oder auch als Weißwein gekeltert. Als Rotwein eignet der Pinot nero sich durch die lange Gärung gut zum Ausbau in Barrique-Fässern und entwickelt mit zunehmender Reife immer feinere Aromen.

# Register

## Orte

## Personen

# Bildnachweis

Die nicht betitelten Bilder zeigen folgende Motive:
S. 5: Weingärten vor der Villa Manin in Passariano
S. 8: Der Mittellauf des Tagliamento
S. 16/17: Der Dom von Aquleia
S. 20/21: Die Reliefs im Tempietto Longobardo in Cividale
S. 33: Die Altstadt von Cividale mit Dom und Ponte del Diavolo
S. 36/37: Die Piazza della Libertà in Udine
S. 56/57: Die Piazza Grande in Palmanova
S. 70/71: Die Laguneninsel Grado
S. 88/89: Marano Lagunare mit Fischhalle und Aquakulturen
S. 114/15: Das Castello von Valvasone
S. 134/135: Blick in den Ehrenhof der Villa Manin in Passariano
S. 152/153: Der Salone d'Onore im Palazzo Ragazzoni in Sacile
S. 174/175: Die Magredi bei Sequals
S. 192/193: Der Palazzo Dipinto im Castello von Spilimbergo
S. 210/211: Gemona von der Luft aus gesehen
S. 226/227: Das Bergdorf Illegio bei Tolmezzo
S. 254/255: Abendstimmung bei Flambro

Fotos von Gisela Hopfmüller und Franz Hlavac, außer:
Stefano Zanini: S. 8, S. 11, S. 14, S. 15, S. 33, S. 58/59, S. 70/71, S. 82, S. 83, S. 88/89, S. 90, S. 91, S. 100, S. 101, S. 103, S. 114/115, S. 147, S. 174/175, S. 179 unten, S. 180 oben und unten, S. 181 oben, S. 247, S. 250, S. 253, S. 254/255
Enos Costantini: S. 13, S. 20/21 oben, S. 23, S. 60, S. 123, S. 185, S. 214 oben und Mitte, S. 243, S. 245, S. 246, S. 248, S. 249
Mareno Settimo / CID Centro Informazione Documentazione: S. 95 oben, S. 96 unten
Enrico Cester: S. 92 Mitte
Archivio Casa Turoldo: S. 142 oben
Archivio e Biblioteca Civica di Lignano Sabbiadoro: S. 108 (4 x), S. 111
Archivio fotografico di Promoturismo FVG: S. 228, S. 229 unten, S. 239
Castello di Strassoldo di Sopra: S. 62 oben
Centro Studi Pier Paolo Pasolini: S. 92 unten
Civica Biblioteca Guarneriana San Daniele: S. 199
Museo Provinciale della Vita Contadina „Diogene Penzi", sezione lavoro ed emigrazione in Cavasso Nuovo: S. 206 oben
Comune Gemona & Pro Loco/Frammenti di Memoria: S. 221 (2 x), S. 222 oben
Piergiorgio Dazzan – Circolo filatelico Lignanese: S. 107 oben
Doriano Moro – Fotocineclub Lignano S. 107 unten

# Dank

Unser besonderer Dank gilt Maresciallo Stefano Zanini, Koordinator in der Stazione Forestale von Coseano, denn er hat uns seine wunderbaren Luftaufnahmen der Region zur Verfügung gestellt, die dieses Buch sehr bereichern.

Wir bedanken uns herzlich auch bei den zahlreichen friulanischen Freunden, die uns bei unseren Recherchen stets unterstützen und uns an ihrem Leben seit vielen Jahren teilhaben lassen. Besonders profitiert haben wir vom großem Wissen von Prof. Enos Costantini / Autor und Experte für Geschichte, Traditionen und Wein des Friaul, von Giuseppe Brun / Präsident der Associazione Naturalistica Cordenons und von Mareno Settimo / Stadtrat (Assessore) von Torviscosa für kulturelle Aktivitäten.

Danke auch an jene Institutionen in der Region und den Provinzen, die uns mit Rat und Tat immer wieder zur Seite stehen.